核兵器のない世界へ

勇気ある
平和国家の志

岸田文雄

日経BP

2016年5月　米国の大統領として戦後初めて、バラク・オバマ大統領（当時）が広島を訪問した

外務大臣（当時）としてオバマ大統領（当時）を出迎える著者

ユース非核特使第１号委嘱式

外相として対空ミサイルPAC－３を視察

天野之弥IAEA事務局長（当時）と

日本非核宣言自治体協議会設立30周年記念大会

原爆養護ホーム（矢野おりづる園）慰問

NPT（核拡散防止条約）運用検討会議での演説

キャロライン・ケネディ駐日米国大使（当時）とお好み焼き店で

サーロー節子氏と

ニューヨークで、タレントのピコ太郎さんと

米国のジョン・ケリー国務長官（当時）と

キューバのフィデル・カストロ前国家評議会議長と

ロシアのウラジミール・プーチン大統領と

ファンを自認する広島東洋カープの始球式で

1993年初当選で国会に登院

核兵器のない世界へ

勇気ある平和国家の志

はじめに

二〇二〇年初春、世界は突然、それまでに出会ったこともない新しい難敵と向き合うことになりました。

新型コロナウイルスという目に見えない相手は、瞬く間に人類社会に未曽有の災いをもたらし、多くの尊い生命がその犠牲となりました。それだけでなく、コロナウイルスはグローバル化が進んだ二十一世紀の国際社会や国境を越えた幅広い経済活動、そして、多くの成熟した市民社会を無造作に踏みにじり、無慈悲に分断し、人類社会全体を暗い絶望の淵へと追い込んだのです。

人類が目に見えない恐怖と戦ったことは過去にもありました。その時の相手はウイルスのように自然界が生み出したものではなく、人間が人為的に作り出した核兵器がもたらす破壊力と放射能という敵でした。

一九四五年八月六日には広島で、その三日後の八月九日には長崎で多くの無辜の人たちが突然、この見えない敵に襲われ、尊い生命を一瞬にして奪われたのです。

この本を執筆している二〇二〇年秋、人類はまだ、コロナウイルスとの闘いに明確な勝機を見い出せてはいません。一方で、人類はその英知を結集して、この目に見えない敵を打倒する方策を日夜を通じて探しています。

日本だけでなく、米国や欧州、そして中国をはじめとするアジア各国でも様々な取り組みがなされ、また、その知見を皆が共有することで人類は文字通り、心と力を一つにしてこの戦いに挑んでいるのです。

翻って、敵をせん滅するため、人間の生命を非人道的な形で奪い去る核兵器との「戦い」はどうでしょう。

もちろん、これまでにも何度か、この悪魔の業火を生み出す異形の兵器を地球上から無くそうとする試みはありました。しかし、そのいずれもが残念なことに長続きはしませんでした。さらに言えば、この課題に世界中の人たちが心を一つにして向き合い、この戦いに力を結集して挑んだこともまだありません。

核兵器がもたらした禍々しい放射能の傷跡は広島、長崎における被爆者を数十年以上にわたって苦しめ、かつ、その子供世代、孫世代にも謂れのない重荷を背負わせています。核兵器がもたらした災いとの戦いは半永久的、あるいは未来永劫、続いていくと言っても過言ではないのです。

人類がこれまでにも何度か体験してきた「パンデミック（世界的な感染症の拡大）」の一種であるコロナウイルスの蔓延はいずれ、人類が英知を結集することで克服できることでしょう。

同様に「核兵器を世界から全て無くす」という戦いにおいて、人類がいつの日か、力を一つに合わせていくことができないはずはない、と私は信じています。そして、広島・長崎の悲劇を人類が二度と繰り返さないための戦い、言い換えれば「核兵器のない世界」を目指す試みは、そうすることによって初めて勝機が見えてくるのではないのでしょうか。

本編でも触れているようにロナルド・レーガン、ミハイル・ゴルバチョフ、そしてバラク・オバマといった指導者たちがこれまで幾度となく、「核全廃」という名の松明を掲げ、それに向かって挑戦してきました。しかし、その勇気ある行動は常に国際政治における厳しい現実によって翻弄され続けてきました。

その松明の灯が弱く、細くなっている今、それを誰が引き継ぎ、誰につないでいくのか――。

そう、考えた時、私は迷うことなく、その松明を「この手にしっかりと引き継ぎたい」と思いました。単に広島県選出の国会議員というだけでなく、核兵器がもたらす非人道的な災いを再び、この地球上にもたらすべきではないと誓っている日本人の一人として、私はそう心に誓ったのです。

唯一の戦争被爆国である日本の責任ある政治家として、私はこの松明を自分なりに高々と掲げたいと思っています。そして、同じような想いを胸に抱いている世界中の人たちの羅針盤となり、道標となりたいのです。

本書はそうした私の想いを自分なりに文字にしてまとめたものです。この本を読まれた方が一人でも多く、私と共に心を一つにして「核兵器のない世界」に向けて前に一歩でも踏み出して頂ければ、筆者としてこれに勝る喜びはありません。

二〇二〇年秋　岸田文雄

※本文中に登場する人物の敬称は省略させていただきました。

目次

第三章

核廃絶のリアリズム

第四章 核の傘と非核三原則 169

第五章

岸田イニシアティブ

第一章

故郷・広島への想い

生い立ちと家族

一九五七年七月二十九日、私はこの世に生を受けました。岸田家は代々、現在の広島県東広島市志和町志和西の出でありますが、祖父・正記の代に現在の広島市南区比治山町に居を構えました。祖父・正記は当時、すでに衆議院議員を引退し、父・文武も通商産業省の官僚となっていたため、私は東京育ちとなりました。それでも毎年、夏休みには両親と共に岸田家にとって「心の拠り所」とも言える広島に里帰りをし、広島があの忌まわしい原子爆弾を投下された八月六日、いわゆる「ハチロク」の日を迎えていました。

とはいえ、当時はまだ幼い子供のことですから、その日の「意味」をきちんと理解していたわけではありません。それでも、この時期になると必ず、祖母・和子が私をひざ元に呼んでは、あの日に広島で起こった悲惨な出来事のことを問わず語りに話してくれたものです。

当時から八月六日には広島市内の平和記念公園で式典が行われており、日本全国から様々な関係者がその式典に向けて広島を訪れます。まだ、幼かったとはいえ、そうした様を見るにつけ、私は自分なりに何か自分の周囲や、世間がざわざわと騒がしくなっていることを肌身で感じていました。

振り返ってみれば帰省していた最中には、戦前から色々とお付き合いのあった近所のおじさんやら、おばさんたちが沢山、両親やら祖母への挨拶も兼ねて広島の我が家を訪れたりもしてくれていました。当然、そうした方々の多くは原爆投下の犠牲者、言い換えれば「被爆者」でもありました。まだ、小さかった私に対して、彼らが「被爆」という悲惨な経験を生々しく語ることはなかったと記憶していますが、皆、口を揃えて「とにかく、必死に逃げ回った」とか、「あんなことは繰り返してはいけない」と言っていたことは今でも鮮明に覚えています。

もちろん、広島に根を張っていた岸田家の親戚・縁者の多くも被爆の難を免れず、多くの方がそれを原因として尊い生命を失っています。つまり、私にとって「被爆者」、あるいは「原爆による死」というものはとてもリアルなものであり、かつ、とても身近なものだったのです。

実は、そうした親戚・縁者の中の一人に核廃絶運動でノーベル平和賞を受賞し、ノルウェー・オスロでの授賞式で感動的なスピーチをされたサーロー節子さんがいます。サーローさんの実の姉が私の祖父・正記のいとこにあたる岸田一見さんという男性に嫁いでいたので、私とも遠い縁戚関係にあったことが後になってわかったのです。

悲しいことに、サーローさんのお姉さんとその四歳になる息子は原爆投下を受けて、この世を去っています。ご主人は戦後まで生き残られ、今では親子三人、仲良く岸田家のお墓の中に納まっています。そのことを知ったサーローさんは後に、お墓参りまでしてくれています。

「彼の小さな身体は何者かも判別できない、溶けた肉の塊に変わってしまっていた。世界で今、まさに核兵器によって、脅かされている全ての罪のない子供たちの代表なのだ」

二〇一七年十二月十日、オスロで開催された、この年のノーベル平和賞の授賞式で、「被爆者」として初めて演台に立ったサーローさんはその男の子のことをこう表現しています。最後の時まで水を欲しがり、生きようとしながら、遂には息絶えた幼い子供の惨状を、詰めかけた聴衆に克明に伝え、核兵器の悲惨さ、その非人道性を強く世界に訴えたのです。

十三歳の時、爆心地から一・八キロ離れた学徒動員先で原爆投下の瞬間を迎えたサーローさん自身、爆発の衝撃で倒れてきた瓦礫の下敷きになり、九死に一生を得た被爆者の一人です。サーローさんによれば、その時、近くにいた人が発した「諦めるな。（瓦礫を）押し続けるんだ。光に向かって這っていけ」という言葉に何とか突き動かされなければ、一命を取り留めることもなかったそうです。

米国留学を経て結婚し、カナダに移住した後も核廃絶運動に取り組んできたサーローさんは、授賞式を迎えた時、すでに八十五歳になっていました。その際、受賞の対象となった核兵器廃絶国際キャンペーン（ＩＣＡＮ）で事務局長を務めるベアトリス・フィンさんに支えられながら、サーローさんは車椅子に乗って会場入りしました。その身に纏ったのは亡き実母が着ていた留袖をリメークしたという、黒のドレスです。そして、壇上に臨んだサーローさんはこう呼びかけました。

「核兵器は毎日、毎秒、私たちの愛する全ての人たちを危機に晒しています。この異常な事態をこれ以上、許してはいけないのです」

サーローさんが涙ながらに訴えた言葉はそのまま、多くの被爆者たちの心の叫びであり、私を含め、広島県につながる全ての人たちの想いを代弁していると思います。

ニューヨーク時代

東京と広島で幼少時代を過ごした私はその後、米国・ニューヨークに移住することになりました。当時、まだ通商産業省の官僚だった父・文武が日本貿易振興会（現・日本貿易振興機構、ジェトロ）の米国拠点に出向することになったからです。一九六三年秋、私がまだ日本の小学校に上がる前の六歳のことでした。すでに九月から新学期が始まっていた米国ではまず、公立の小学校「ＰＳ（Public School）20」に編入され、翌年春、私は両親が居を構えたクイーンズ地区にある公立の小学校である「ＰＳ13」に通うことになりました。学校に行けば、そこには必ずアメリカ合衆国の国旗である星条旗が掲げられ、授業が始まる前にはクラス全員でアメリカの国歌である「星条旗よ、永遠なれ」を歌わされるのです。

クラス内を見渡せば、そこにはもちろん、白人の子供たちもいますが、インド系や韓国系、そしてネイティブ・アメリカンの子供の顔もありました。今では日本でも当たり前になっている「多様性」を、すでにあの当時の米国で私は体験していたということなのでしょう。「多様性」の中にあっても「一体感」を確認するため、一日の始まりには全員一律に米国の国旗に敬意を払い、その国歌を斉唱するのです。そうした米国社会の在り様を実地で体験した私は子供ながら、「日本ではとても考えられないようなことだな」と感じたものです。

ニューヨークに転居した当時は全くわからなかった英語ですが、やがて二年目になるといつの間にか、英語を話している自分に気づきました。日本に帰る三年目の頃にはすっかり、何不自由なく、英語を話せるようになっていたから人間とは本当に不思議なものです。ニューヨーク・マンハッタンの映画館で「メリー・ポピンズ」や「サウンド・オブ・ミュージック」という名作を子供なりに楽しく鑑賞できたほどですから、自分でもなかなかのものだったと思います。もっとも、今ではあまり英語を使う機会にも恵まれていないので、当時ほど話せるかどうかは正直、自信はないのですが……。

父・文武は休日ともなれば、母や子供達を連れて自動車でドライブに出かけてくれました。カナダとの国境沿いにあるナイアガラの滝、首都・ワシントンDCにあるアーリントン墓地など、近隣の観光名所を訪ね歩いた日々は今でも楽しい家族の思い出の一つです。当時、日米間では衛星を通じた同時放送が開始されたばかりだったので、一九六四年の東京オリンピックはニューヨークのテレビ画面を通じて観たことも今となっては良い思い出です。一方、あまり楽しくない経験としては、マンハッタンが突然暗闇に包まれた、歴史に残る一九六五年の「ニューヨーク大停電」があります。

もう一つ、今でも忘れられない経験がこの頃、ありました。ある日、学校の行事として動物園に遠足に行った時のことです。教師から参加した生徒同士で手をつなぐように促され、それに従おうとしたところ、たまたま、私の隣にいた白人の少女が露骨に嫌がる素振りを見せたのです。その時は「どうしてだろう」ぐらいにしか感じなかったのですが、後になって「人種差別」という言葉を学びました。

一九六〇年代の米国はまだ、そこかしこに明日への希望や未来への夢、そして生きる活気が満ち溢れていました。この頃、「非暴力主義」を掲げ、人種間の差別撤廃を求めたマーティン・ルーサー・キング牧師がアフリカ系米国人の公民権運動を先導し、リンカーン記念堂の前に溢れかえった群衆を前に有名な「私には夢がある（I have a dream)」という演説を行ったことは、日本でも多くの人たちに影響を与えていると思います。にもかかわらず、当時の米国にはまだ、人種差別という悪弊が市井の人々の生活の隅々にまで浸透していました。自ら体験した「事件」は、米国が抱える「影」の部分をシンプル、かつ、ストレートに伝えてくれたのです。そして、この経験を経て、私は人種差別をはじめとした、この世の中の理不尽な事に対して、正義感とか義憤を人一倍強く抱くようになりました。

その米国において、強い義憤を抱き、人種差別の撤廃を訴えたキング牧師と共に当時の米国を代表する存在としては、皆さんもご存じの第三十五代アメリカ合衆国大統領、ジョン・F・ケネディが挙げられます。米国史上、初のカトリック系、アイルランド系の大統領としても知られるケネディが放つ独特の魅力はもう説明する必要はないでしょう。若々しい生気を身に纏い、常に颯爽としていたケネディは米国民だけでなく、世界中の人たちのハートを鷲摑みにして一躍、時の人となりました。

「松明は引き継がれなければならない（Torch should be passed）」――。

一九六一年一月二十日、米国の首都、ワシントンDCで行われた就任式でこう述べ、米国民に世代交代を強く印象づけた史上最年少（就任時で四十三歳と八か月）の大統領、ケネディが、訪問先のテキサス州ダラスで凶弾に倒れ、帰らぬ人となったのは私が米国の小学校に編入された年の秋、一九六三年の十一月二十二日のことです。

この時もまだ、小学一年生だった私には実際、何が起こったのか、よくわかっていませんでした。ただ、両親をはじめとする周囲の大人たちが「大変なことになった」と話し合っていることから、子供なりにその事件の大きさを感じ取った記憶があります。長じた後、この事件のことを改めて学び、ケネディが悲劇的な最期を遂げたこと、その死が実に多くの人々や、米国だけでなく、様々な社会に与えた影響が計り知れないものであったことなどを理解し、しみじみと感じ入ったものです。

戦時中、米国は日本にとって「敵国」であり、広島に原爆を投下した当事国でもあります。しかし、幼かった当時の私にとって、米国は大らかで多様性に満ち、活気に溢れた国というイメージが全てでした。こうした経験が「親米・リベラル保守」とされる私の政治姿勢・信条に、少なからず影響を与えていることは間違いないと思います。

様々な個性、言い換えれば多様性を抱擁し、それらと共に生きる——。米国という国家が体現していた普遍的な価値、つまり、「自由」を貴ぶ姿勢に私は大いに感銘し、有形無形の影響を受けたと思います。それが今、政治家・岸田文雄を支える強固なバックボーン、背骨にもなっているのです。

しかしながら、最近の米国の動向を見ると「自分が住んでいた頃の米国とは随分、変わってしまったなぁ……」と思うこともしばしばです。そんな今の米国を見るにつけ、何とも言えない複雑な、そして寂しいような気持ちを覚えるのはおそらく、私だけではないと思います。

四賢人のビジョン

ここからは少し歴史を振り返りながら、本書のテーマである「核廃絶」という、人類にとっての共通の課題について触れたいと思います。具体的に申し上げれば、それが決して夢物語などではなく、実際に多くの為政者たちが過去にも真剣に取り組んできたこと、そして、その途方もない道のりをどのように描いていたかについて論じてみたいと思います。

今から三十年以上の前の一九八六年十月、アイスランドの首都・レイキャビクで歴史的な首脳会談が行われました。一方の主役はアメリカ合衆国のロナルド・レーガン大統領。そして、もう一方はソビエト連邦（現・ロシア）の改革派、ミハイル・ゴルバチョフ共産党書記長です。

米共和党の中でも「保守派の旗手」と謳われたレーガンは就任当初から旧ソ連を「悪の帝国」と決めつけ、旧ソ連が保有する大量の核兵器を無力化するための一大計画として「戦略防衛構想（ＳＤＩ）」などを積極的に推進していました。

当時、流行していた映画の名称に因んで「スター・ウォーズ計画」とも呼ばれたこの構想に、ゴルバチョフは当然、激しく反発しました。実際、ゴルバチョフは首脳会談の席上、ＳＤＩを「実験レベル」にとどめることを強くレーガンに求めたのです。しかし、レーガンはこれを一蹴してしまいました。その結果、世界の核兵器の九〇％以上を保有していた米ソ両国による欧州中距離核戦力（ＩＮＦ）全廃交渉なども決裂したのです。

ここまでは世界史を学べばすぐに誰でもわかる「表の歴史」かもしれません。そして、その意味するところは「米ソによる核軍拡競争の継続」と解釈できることでしょう。しかし、その舞台裏では実に驚くべき「会話」が二人の首脳の間で交わされていたのです。

この会談に同席したジョージ・シュルツ元国務長官によれば、レイキャビク会談の席上、レーガンとゴルバチョフは確かにこう語り合っていたというのです。

「この世界から、核兵器を廃絶できないだろうか……」

後で詳しく述べますが、シュルツと共にバラク・オバマ大統領に核廃絶への道をガイドする役割を演じたウイリアム・ペリー元米国防長官によれば、レーガンは旧ソ連を「悪の帝国」とは呼ぶ一方で、「核兵器をとても嫌っていた」そうです。ペリーによれば、核兵器を「憎悪の対象」としていたレーガンとシュルツはその意味で強くシンパシーを感じていたようです。二人とも核兵器の危険性を強く理解し、忌み嫌っているという意味で「同志」のような存在だったのでしょう。

それから四半世紀が過ぎた二〇一一年十一月四日、レイキャビクでの一方の主役、ゴルバチョフは朝日新聞への寄稿でこう振り返っています。

「私はレイキャビクで、米国とソ連が保有する核兵器の削減と、二〇〇〇年までの核廃絶についてレーガン米大統領と話し合った。私たちは、このような野蛮な兵器を国の安全保障の要にすべきではないと確信していた。実現することはできなかったが、それは大統領の言葉を借りれば『より安全で安定した世界を追求する大きな転機』だった」

一方のレーガン大統領も、ＳＤＩ問題で表面的にはゴルバチョフとの対決姿勢を堅持しながら内心、ゴルバチョフという異色の政治指導者の登場を受けて、「核問題で何かしら、行動できるかもしれない」と考え始めた、とペリーは自らの著作で指摘していま す。

そのペリー、そしてシュルツが、米ウォール・ストリート・ジャーナル紙にとある論文を寄稿したのは二〇〇七年初めのことです。

「核兵器のない世界を」と題した提言の共同筆者として、シュルツ、ペリーの両元国務・国防長官のほか、ヘンリー・キッシンジャー元国務長官、そして、議会・上院軍事委員会の大御所として知られていた民主党のサム・ナン元上院議員が名を連ねました。この時、後に「四賢人」と呼ばれた彼らが、論文の中で世界に向けて訴えた提言の骨子は以下のようなものです。

一、核保有国による核戦力の大幅縮小
二、同盟国、友好国での米ロ戦術核兵器廃絶
三、米国の包括的核実験禁止条約(CTBT)批准達成
四、兵器用核分裂物質の生産全面停止

九十六歳になった今も先ほど紹介したレイキャビク・サミットの「生き証人」となっているシュルツ、クリントン政権で北朝鮮の核開発問題に取り組んだペリー、そしてニクソン・フォード政権で大統領補佐官（国家安全保障問題担当）や国務長官を歴任したキッシンジャー、旧ソ連の核兵器に関する安全管理を支援する「ナン・ルーガー法」を導入した民主党の元上院議員ナンらは皆、米国の安全保障政策の第一人者として広く知られています。その彼らが共同論文の寄稿に先立ち、侃々諤々の議論を交わしたことは驚くことでもないでしょう。

特に、キッシンジャーはハーバード大学勤務時代、核戦力問題に関する研究を続けていたとはいえ、残る三人にはかなりの難敵となったようです。というのも、彼の信奉する「リアル・ポリティーク（現実政治）」の観点から見て、核廃絶という考えは全く相容れないとも見られていたからです。それでもシュルツは「政策提言は超党派にしたい」とキッシンジャーを招き入れました。

言い換えれば、キッシンジャーとシュルツ、ナンの対立は時に激しいものになるのは当初から予想されていたものだったのです。しかし、だからこそ、この四人による「共同提言」には一定以上の重み、現実味があった、と言うこともできるでしょう。その一人、ペリーによれば当時、四人の間では以下のような会話が交わされています。

キッシンジャー：ビジョンよりも現実的なステップに重点を置くべきだ。

シュルツ：ビジョンがなくては、ステップは語れない。

ナン：ビジョンがあれば、この先、長い道のりであろうとも、取るべきステップは見えてくるはずだ。

米ウォール・ストリート・ジャーナル紙に四人の連名による「核兵器のない世界を」と題した論文が掲載されると、彼らの思惑通り、米国内だけでなく世界中から前向きな反応が殺到しました。米国内はもちろん、世界中で論文に関する賛否両論が渦巻く中で、この頃、ひときわ、論文に前向きな反応を見せていた米上院議員がいました。その人こそ、後に第四十四代アメリカ合衆国大統領となるバラク・オバマだったのです。

翌二〇〇八年の米大統領選に民主党候補として出馬することを決めていたオバマはその後、何度となくペリーらのオフィスに自ら直接電話を入れ、核廃絶に向けた青写真のアイデア作りに意見を求めたそうです。

政治指導者として志向するのは「理想主義的な現実主義」なのか、それとも「現実主義的な理想主義」なのか――。

国際政治に携わっていれば、この二つの選択肢のうち、「どちらをあなたは選ぶのか」と問われる局面が多々、あります。あくまでも理想を忘れず、それを原点として現実的な問題に取り組んでいくのか。それとも、現実的な手立てを積み重ねる先に自分の理想とするものを見出していくのか。

「核兵器のない世界」を目指したいという私の姿勢は敢えて言えば、前者と言えると思います。ですから、シュルツやナンらがキッシンジャーやペリーと意見交換した際に口にした「ビジョンがなければ物事は進められない」という考え方に私は強く共鳴し、心惹かれます。

プラハ演説

二〇〇九年四月五日、チェコ・プラハ。市内にあるフラチャニ広場に詰めかけた二万人以上の聴衆を前に、オバマは後世の史家にこれからも語り継がれるであろう、歴史的な演説に臨みました。

「米国は、核を使用した唯一の核保有国として行動への道義的責任がある。核兵器のない平和で安全な世界を米国が追求していくことを明確に宣言する」

第二次世界大戦から東西冷戦、そしてポスト冷戦期と世界が移り変わる中で、常に「核保有大国」としての地位を堅持してきた米国の最高位にある政治指導者として、オバマは初めて「核全廃」という大いなる目標を公式の場で口にしたのです。

二〇〇八年の大統領選挙期間中から公約に掲げてきた「核なき世界」の実現。それを目指す演説の中で、オバマは第二次大戦末期に米国が断行した広島・長崎への原爆投下に対する「道義的責任（Moral Responsibility）」を踏まえ、核廃絶に向けていくつかの具体的な道標を示しました。

まず、世界を二分する核大国である米国とロシアによる戦略核兵器の軍縮交渉の推進です。次いで、新しい核実験を防ぎ、これによって新興核保有国の出現も抑え込むという考え方も示しました。さらに①当時、懸案となっていた「包括的核実験禁止条約（CTBT）」の米国による批准②核拡散防止条約（NPT）体制の強化③核兵器用の核分裂物質の生産を検証可能な方法で禁止する新しい国際条約（カットオフ条約）④核関連物質の安全確保――なども挙げています。

もちろん、オバマは彼なりの「理想主義」だけではなく、「現実主義」に根差した言葉も演説の中に散りばめています。「世界に核兵器が存在する間、米国は安全な方法で核兵器を維持する。敵を抑止し、同盟国に安全を保障するためだ」という部分はその最たる例と言えるでしょう。これ以外にもオバマは「時間はかかるが、世界を変革できることを信じている」と述べています。つまり、「自分の生きている間に核全廃は難しい」という、極めて当然であり、かつ、リアリスティックなメッセージも伝えているのです。では、オバマの提唱した「核なき世界」への道筋とは一体、どのようなものなのでしょうか。

「全面的な核戦争の危機は去ったが、(核の拡散によって)核攻撃の危険性は高まっている」

演説の最中、オバマはこれら核廃絶に向けた包括的な構想の実現に向け、核兵器を使った大規模テロリズムへの対処方法なども併せて議論する必要があると指摘しています。具体的には核安全保障に関する世界サミット(首脳会議)を演説から「一年以内」に主催すると表明、ロシア、中国など関係各国に参加を呼びかけたのです。

オバマは「核サミット」の狙いについて、「冷戦的な思考に終止符を打つため、米国の安全保障戦略の中での核兵器の役割を減らし、同じ行動を他の国にも要請する」と説明しています。この時、オバマの頭の中にあったのは以下のようなシナリオではないでしょうか。

まず、二〇〇一年九月十一日に起きた「米同時テロ」以来、国際社会で喫緊の課題となっていた核テロリズムに対処する国際会議を開き、「核廃絶」に向けたムードを世界で醸成する。同時に、米ロ両国で大幅な核軍縮を実行し、その上で、英国、フランス、そして中国という他の「P5（核保有五カ国）」にも世界規模での核軍縮に同調することを促す——。

そんな独自の「国際政治日程」を思い描いていたであろうオバマは、野心的な外交目標を耳にして興奮するチェコの人々を前に、得意のフレーズで自らの演説を締め括っています。

「世界は変わらないという人の声に耳を貸さず、『Yes, We can（我々はできる）』と言おう」

オバマが朧げに示した核全廃に関する道筋に関連して、ペリーらはかつて「三つのステップ」という考え方も示しています。

最初のステップはオバマ自身も強調していますが、米国とロシア両国が新しい核軍縮交渉を始めるということです。そして、第二のステップでは、米ロ両国がその保有核弾頭数を現在の数千発レベルから数百発レベルまでに圧縮していくことを想定していました。

　これと並行して、米ロ以外の核保有国（P５）、つまり、英国、フランス、中国に対しても現状以上に保有核弾頭数を増やさないことや、独自の核軍縮プランの策定を求めるという考えもあったようです。さらに「新興核保有国」であるインド、パキスタンの両国にも核戦力の現状維持を促すことも必須要件と見ていました。

　そして最後の第三のステップとなります。それは未来の人類社会が構築するであろう、新しい国際政治環境・システムに応じて、核保有国が追加的な核削減努力を行い、核全廃に近づけていくというものです。

　もう一つ、日本がオーストラリアと共に推進した核全廃に向けた有識者会合「核不拡散・核軍縮に関する国際委員会」（共同議長・川口順子元外相、ギャレス・エバンズ元オーストラリア外相）が示したビジョンも紹介しましょう。

「核不拡散・核軍縮に関する国際委員会」、通称「川口・エバンズ委員会」は、二〇〇八年六月に広島の原爆ドームを訪問したケビン・ラッド豪首相（当時）の発案によって、日豪両国政府の主導で同年九月に発足しました。いずれの政府、国際機関にも属さない「独立組織」として、オバマに核廃絶の道のりを指南したペリーら核問題に詳しい十五人の有識者が世界各国（ロシア、サウジアラビア、ドイツ、南アフリカ、パキスタン、中国、英国、フランス、インドなど）から参加し、核全廃を促すガイドライン作りに取り組んだのです。

初会合から約二か月後の同年十二月十五日、委員会は「核なき世界」に向けた包括的な行動計画書「核の脅威を絶つために」をまとめました。その中で、「川口・エバンズ委員会」は「現在、地球上にある推定二万三千発超の核兵器を二〇二五年までに九割削減して二千発程度とし、その後の全廃につなげる」という道筋を示しています。

報告書はまず、米国とロシアなど既存の核大国に加え、新興の「核保有国」が増加している国際政治の現状を踏まえ、「偶発的な核使用」の可能性を極小化するために、全ての核保有国の保有総量を現在の一割未満＝二千発程度（このうち、米ロは各五百発）まで減らすべきだと主張しています。同時に米ロ以外の中国やフランス、英国、そしてインドなどに対しても「保有量の現状維持」を強く求めたのです。

ただ、国際政治の現状はこうした「希望的観測」を簡単に受け入れるほど生易しいものではありません。例えば、オバマもプラハ演説の中で触れた「包括的核実験禁止条約（ＣＴＢＴ）」ですが、一九九六年に国連総会で採択されたものの、いまだ発効には至っていません。

宇宙や地下を含む、あらゆる空間での核実験を禁止するＣＴＢＴの発効には核保有国だけでなく、潜在的な核開発能力があるとされる世界四十四カ国の批准が必要とされていますが、米国はジョージ・W・ブッシュ政権時にCTBTに対して強硬な反対方針を打ち出し、米議会も批准していません。このほかにも中国、イスラエルなど多くの国々が批准を拒んでいます。北朝鮮や、インド、パキスタンといった国々は署名すらしていないのが現状なのです。

やはり、オバマが演説で触れているカットオフ条約の先行きも全く、見通せない状況が続いています。兵器用の高濃縮ウランや、プルトニウムなど核分裂物質の生産や生産援助を禁止する内容を盛り込んでいるカットオフ条約には、核兵器保有国や核拡散防止条約（NPT）未加盟国も含めて全ての国の新たな核兵器生産を防ぐ狙いが込められています。それが実現すれば、「核なき世界」にも大きな推進力を得られることは間違いありません。

しかし、残念なことにカットオフ条約に至ってはまだ、実質的な条約交渉すらできない状態のままです。これを一九九三年に提唱したのはオバマと同じ米国のビル・クリントン大統領（当時）なのですが、既存の核物質廃棄を含めるのか、否かという点を巡り、多くの意見対立が起こったことや、検証措置の除外規定を当の米国が求めた経緯などがマイナス要因となり、具体的には何も進んでいないのが実情です。

ペリーをはじめとする「四賢人」は、核全廃という途方もないプロセスを世界最高峰のエベレスト登山に例えています。その「遠い頂」を目指すためにはまず、麓に「ベース・キャンプ」を作らなければならない、と彼らは考えました。結果的に、オバマのプラハでの演説によって、彼らはそのキャンプ地、言い換えれば確固たる足場を築いたのです。

そこを拠点として①抑止力の維持②軍備管理と不拡散体制の強化——という「二つの道」を作り、核兵器の削減を目指す。この「ベース・キャンプ・コンセプト」はプラハ演説の前後、ペリーが深く関与していた米議会における核戦略に関する超党派の「米戦略態勢委員会」でも、一定のコンセンサスを得ていたようです。

地球上の地政学的環境が劇的に変わらない限り、核全廃は現実的には難しい。そのプロセスが続く間、米国自身のための核抑止力だけでなく、日本など同盟国・友好国への拡大抑止力（核の傘）も維持しなければならない。これに伴い、「核の先制使用」を巡る「戦略的あいまい政策」は当面、維持するのが望ましい——。

二〇〇九年五月六日、米戦略態勢委員会が発表した最終報告書でペリーらが記した提言の数々は、「核なき世界」に向けた道がなお、多くの曲折と困難な課題を抱えていることを端的に示しています。

このほか、国際社会で実際に起こっている数々の問題や、「核廃絶」の文脈で世界中に散見される、多くの「不都合な真実」については後ほど、更に詳しく説明したいと思います。

分断から協調へ

二〇〇九年十月九日、ノルウェーのノーベル賞委員会は二〇〇九年のノーベル平和賞をオバマに授与すると発表しました。授賞理由について、委員会は「国際外交や、人々の協力関係を後押しする傑出した努力を続けた」と指摘。その上で「核兵器のない世界」をオバマが全世界に向けて提唱し、核軍縮の新しい潮流を生み出した功績を高く評価したのです。

在任中の米大統領によるノーベル賞の受賞はこの時、異例の出来事として受け止められました。実際、それまでに同賞を受賞した米大統領は、一九一九年に後の国際連盟の設立を提唱したウッドロー・ウィルソン、そして、一九〇六年に日露戦争講和を仲介したセオドア・ルーズベルトの二人だけでした。

「オバマ氏ほど世界の関心をひき付け、未来への希望を人々に与えることができる人物は数少ない」

委員会は授賞理由として、こうオバマを称えると同時に「核兵器のない世界に向けたビジョンと取り組みには特別の重みがある」と強調しています。しかし、受賞の知らせを受けたオバマは若干、複雑な表情を浮かべていました。実際、この日、ホワイトハウスで記者会見したオバマは「(平和)賞は私の業績に与えられたものではない。二十一世紀の共通の課題に取り組む全ての国に行動するよう呼びかけたものとして受け入れる」と謙虚に話しています。

実はこの時、オバマは「正直、自分は(受賞に)値しないと感じている」と戸惑いの言葉も漏らしています。その背景には、大統領に就任してからわずか九か月であることや、自分の描いたような核軍縮のシナリオが思うように進展しないことに対する忸怩の念もあったのだろうと察します。たとえ世界最強の国家・アメリカ合衆国の政治指導者であったとしても、「核なき世界」という壮大な理想を前にして、それを簡単には実現できない現実をオバマは心中、苦い思いで噛みしめていたのかもしれません。

それでも最後には「平和賞は、具体的な業績だけでなく、目標達成に勢いを与えるため贈られることもある」と言葉を続けました。そして、「核なき世界」の実現だけでなく、やはり、人類にとって喫緊の課題となっている地球温暖化への対応に向け、オバマは決意を新たにした上で、「この賞は、正義と尊厳を求める全ての人々に共有されるべきだ」と締め括っています。

ここでオバマにノーベル平和賞を与えるに際して、ノーベル賞委員会が発表した声明を紹介しておきましょう。

《ノルウェー・ノーベル賞委員会は、二〇〇九年の平和賞をバラク・オバマ米大統領に授与することを決定した。（中略）

オバマ氏ほどよりよい未来への希望を人々に与え、世界の注目を引きつけた個人はまれだ。オバマ氏の外交は、世界を指導すべき者たちは、世界中の人々の大半が共有する価値や態度を基盤にして導かなければならないという考えに基づいている。

一〇八年にわたって、委員会はそのような国際的な政策や態度を促進することを目指してきたが、まさに今、オバマ氏がその政策の、世界を率いるスポークスマンになっている。委員会はオバマ氏が「今こそ、私たち全員が、グローバルな課題に対してグローバルな対応をとる責任を分かち合うべき時だ」と強調していることを支持する》

この中で、ノーベル委員会が指摘した「グローバルな課題に対してグローバルな対応をとる責任を分かち合う」という表現に私は大いに共鳴し、勇気づけられました。これは日本のような非核国にとって、とても大切なポイントであり、メッセージだと思うからです。

核廃絶というアジェンダは紛れもなく、地球温暖化やパンデミック（世界的な感染症拡大）などと並び、地球規模の課題、つまり、グローバルな案件であり、人類共通の懸案事項なのです。もちろん、「核なき世界」の実現もそれらと同列に語られるべきものであり、決して米国や、日本だけで解決できる課題ではないのです。

加えて言えば、私は常々、内外の政治の方向性として、「分断から協調へ」と広く訴えています。まさに、これらの課題解決にはそうした方向への努力が強く求められていると思うのです。

「戦争があっても、平和への努力は可能だ。我々はできる。それが人類の進歩の物語であり、世界中の希望だ」

それから三か月後の二〇〇九年十二月十日、オバマの姿はノルウェー・オスロにありました。この時、オバマは「軍事紛争の犠牲に心を痛めながら（授賞式に）来た」とその心情を率直に吐露しています。当時、オバマは米軍の最高司令官として三万人の増派を柱にした対アフガニスタン新戦略を発表したばかりでした。そうした事情を背景に、米国内外はオバマによる受賞の是非について様々な意見が飛び交っていたのです。

演説の中で、オバマはまず、今回の授賞理由である「核なき世界」の実現について

「私の外交政策の中心を占めるものだ」と言明。核兵器の拡散防止と同時に、世界規模での核軍縮を推進していく意思を改めて示しています。

同時に、オバマは自身と同じく平和賞を受賞した米国の黒人公民権運動指導者、マーティン・ルーサー・キング牧師がその受賞演説で「暴力は決して恒久的な平和をもたらさない」と語った言葉に触れながら、「非暴力主義」だけで国家は指導できないという、現実的な見方も開陳して見せました。

米軍の最高指導者、言い換えれば世界で最もシビアなリアリストとしての「顔」も見せなければならないオバマは、演説の中で敢えて「時に軍事力が必要だと考えるのは、歴史や人間の不完全性、道理の限界を認識するからなのだ」と述べ、現実の国際政治が数多くの厳しい現実に向き合わなければならないことを言外に滲ませています。

授賞式の後に開かれた晩さん会のスピーチでは、オバマは「持続的な平和を子供たちの世代に残すために全ての人々がすべきことがある」などと述べ、本来の理想主義的な決意も新たにしています。一方で、受賞演説では「戦争という手段には平和を維持するという役割もある」と言明し、『核なき世界』を提唱する夢想家」というレッテル貼りには強く抵抗を示して見せました。アメリカ合衆国大統領という「機関」を体現する身として、おそらく、オバマはギリギリの均衡点を探っていたのでしょう。

すでに紹介したように私が幼年期を過ごした一九六〇年代、米国が夢と希望と自信にあふれていた頃、若き大統領、ジョン・F・ケネディが「人類を月面に送り込む」と宣言したことを契機として、米国はアポロ計画という壮大な夢を実現させたことがあります。誰もが非現実的と考えていた人間による月面探索を文字通り、鶴の一声で実現させたケネディと同じように、オバマもまた、非現実的と見られていた「核全廃」という夢の実現を呼びかけました。

しかし、現実を冷徹に見つめれば、核廃絶という目標がとてつもなく遠い存在であることは誰にでも想像がつきます。繰り返しになりますが、実際、オバマ自身もプラハでの演説で「自分が生きている間は不可能かもしれない」とはっきりと言い切っています。

こうしたオバマの姿勢に私も大いに同調します。もちろん、「この地球上から全ての核兵器を無くしたい」という思いは人一倍、胸に秘めているつもりです。しかし、一方で「だから、直ちに廃棄しろ」と言っても多くの人、国家が「はい、そうですか」と応じるわけではないことも明白なのです。私は政治家として何か難問に向き合う時、常に「リアリズム」を重視する姿勢を忘れないようにしています。私が政治の世界で属する自由民主党、わけても私がリーダーを務める「宏池会」という伝統ある政策集団の本質、神髄もそこにあるのです。そのことについては次の章で更に詳しく述べたいと思います。

ペリー、キッシンジャーら米国を代表する外交現実派の考えを色濃く反映している「川口・エバンズ委員会」の最終報告書も、核全廃という最終目標の達成時期についてこう記しています。

「現段階では（核兵器）ゼロに到達するための目標期日を確実に特定することはできない」

実際のところ、核兵器はこの地球上からすぐにでも無くなるものでしょうか。恐らく、答えは「ノー」でしょう。では、核廃絶は人類にとって未来永劫、不可能な夢物語なのでしょうか。その答えはまだ、誰にもわからないと思います。しかし、少なくとも私はまだ、被爆国・日本で責任ある政治家として、その「果てなき夢」を諦めてはいないのです。

運命の訪問

「七十一年前の、よく晴れた、雲のない朝、空から死が降りてきて、世界は変わってしまった」――。

二〇一六年五月二十七日夕、広島県広島市の中心部にある平和記念公園にバラク・オバマ米大統領の姿はありました。

「核なき世界」の実現を訴えたチェコ・プラハでの演説から数えて、実に七年の歳月が過ぎていました。現職の米大統領として初めて被爆地・広島を訪れたオバマ大統領は平和記念公園の資料館を見学し、原爆慰霊碑に献花した後、人類の歴史に刻まれる演説をこの一節から始めたのです。そして、オバマ大統領はこう続けました。

「閃光《せんこう》と火の塊が街を破壊し、人類が自らを滅ぼす手段を手にしたことを見せつけた。我々は何故、この地、広島にやって来たのだろう。(それは)それほど遠くない過去において、解き放たれた恐ろしい力について思いを馳せるためであり、十万を超える日本の男性、女性、子どもたち、数千の朝鮮半島出身者、そして、捕虜になっていた米国人ら(全ての)犠牲者を追悼するために来たのである。彼らの魂は私たちに語りかけている。もっと内面を見て、我々が何者なのか、そして、我々が(これから)どうなっていくのかを自問せよ、と……」

この歴史的な日を迎えるにあたり、私の感慨も一入でした。そこに至るまでの多くの交渉、道のりに思いを馳せ、「ようやく、ここに辿り着いた」と一人、心の中で呟いたものです。今、当時を振り返ってみて、実に多くの人たちに助けられ、励まされてきたものだと思います。

オバマ大統領による広島訪問の実現について、最も貢献した人物は誰なのでしょうか――。

そう問われれば、私は迷わず、最初にキャロライン・ケネディ駐日米大使の名前を挙げます。というのも、私とケネディ大使は彼女の就任後から断続的に広島について語り合い、多くの共通項を見出すことができたからです。

実は、ケネディさんは二十歳の時、広島市の平和記念公園などを訪れ、被爆者とも面会しています。実際、ケネディさんは二〇一三年十一月の日本赴任前、インターネットの動画サイトで公開した「日本の皆さんへ」と題する映像の中で、「私は広島を訪れ、より良い平和な世界の実現に貢献したいと切に願うようになりました」と明かしています。

ケネディ家の三男として、米政界では知らない人はいない叔父のエドワード・ケネディ上院議員（当時）の一家と共に、ケネディ大使が広島を訪問したのは一九七八年の一月のことです。合計で六時間ほどの滞在中、ケネディ一行は原爆死没者慰霊碑や、広島平和記念資料館（原爆資料館）などを見学した後、広島駅の駅長室で被爆者とも面会したといいます。

そのケネディさんとの距離がぐっと縮まった瞬間、あれは忘れもしない大使の日本赴任直後の二〇一三年十一月のことです。

当時、外務大臣だった私はケネディさんとご主人のエドウィン・シュロスバーグさんを外務省の飯倉公館にお招きし、私の妻と共に四人で夕餉《ゆうげ》を共にしながら、ケネディさんの誕生日（十一月二十七日）をお祝いしたのです。席上、ケネディさんは先述した通り、叔父・エドワードと共に広島を訪問した際の思い出などを積極的に話してくれました。

その話振りに感激した私も席上、被爆者の実相から世界の核軍縮まで実に様々な案件について忌憚《きたん》なく、ケネディさんと話し合いました。

途中、ケネディさんが大リーグの名門球団、ボストン・レッドソックスの大ファンだというので、自分も「広島東洋カープの大ファンだ」と返すと大いに盛り上がり、「今後はカープの試合も観てください」と直訴までしました。その甲斐あってか、ケネディさんが後にカープの試合で始球式までやってくれたのは皆さんもご存じの通りです。

そんなケネディさんですから、地元の期待も当然、高まりました。例えば、広島市の松井一實市長は当時、ケネディさんの駐日大使就任を受けて、「ケネディ氏の就任は喜ばしい。早いうちに広島に来てもらい、オバマ大統領に広島訪問を呼びかけてほしい」

と表明しています。

翌二〇一四年の四月には、広島県の湯崎英彦知事が東京の在日米大使館でケネディ大使と懇談し、ケネディ大使だけでなく、オバマ大統領の広島訪問を要請しています。この席上でもケネディさんは湯崎知事に対して「大統領も（広島に）来たいと思っていることでしょう。知事の希望は伝えます」と返答しています。

その後、何度も外務省に足を運んでくれたケネディさんに対して、私は大統領による広島訪問の意味や、地元の人たちの思いを誠実に伝えました。そして、その言葉通り、ケネディさんはオバマ大統領による広島訪問という日本の悲願を実現する上で、私にとってだけでなく、多くの人々にとって実に頼もしい「パートナー」となってくれたのです。

オバマ大統領による広島訪問実現から数日後の二〇一六年六月一日、ケネディ大使は外務省に私を訪ねてくれました。席上、「広島の方々が示したあたたかい歓迎に感謝したいです」と口火を切り、「大統領個人にとっても意義ある訪問であり、日米両国にとっても歴史的な訪問でした」と話すケネディさんに、私は「感謝」の二文字しかありませんでした。この時、私は彼女にこう返答し、心からの謝意を伝えています。

「現職の米国大統領が広島を訪れ、世界に向けて『核兵器のない世界』を目指すというメッセージを発信してくれたことを、一人の広島市民として、そして被爆地出身の外務大臣として心からうれしく思っています」

もう一人、私にとってだけでなく、日本にとってかけがえのない「援軍」となってくれたのが、ジョン・ケリー米国務長官（当時）です。

ご存じのようにケリー長官は当時、オバマ政権を支える重要閣僚の一人でしたが、その経歴には多くの起伏があり、米政界で知らない人はいないほどの影響力を今なお、保持しています。若い時分は海軍士官としてベトナム戦争にも従軍し、帰還後には「反戦活動」に転じたこともあります。その後、上院議員を経て、米議会の重鎮となり、二〇〇四年米大統領選では民主党候補にも指名され、共和党候補だったジョージ・W・ブッシュ大統領と激しい論戦を交わしたことは記憶に新しいと思います。

オバマ大統領による広島訪問から一か月半ほど前の二〇一六年四月十一日、そのケリー長官は広島でのG7外相会議に出席した際に米国の閣僚として初めて広島平和記念公園を訪れました。私の案内で原爆資料館にも足を運んだケリー長官は、原爆の熱線で大やけどを負った子供の姿など、館内に展示されている数々の写真を真剣な表情でみつめながら、私や居合わせた関係者に何度も質問してきました。

予定を大幅に上回る五十分間も資料館に留まったケリー長官はその後、原爆死没者慰霊碑に献花した際、当初の予定にはなかったG7各国外相による原爆ドームの見学も提案してくれたのです。

「はらわたが抉《えぐ》られるようだった……」

一連の訪問を終えたケリー長官は、G7外相会合後の記者会見で、原爆資料館を訪問した感想をこう語っています。その上で「戦争がいかに人々に惨禍をもたらすかを知る上で、忘れられない経験となった。あの展示を忘れられる人はいないだろう」と言葉を継ぎ、芳名録には「世界中の誰もが記念館の力を見て感じるべきだ」というメッセージも記帳しています。

「最も衝撃的だったのは、映像を使った展示だ。広島に地獄のような破壊的な雲が舞い上がった。大量破壊兵器が人々にもたらす被害がいかに甚大であるかということを、訪れる者に示している」

記者会見の席上、ケリー長官の言葉は止まりませんでした。そして、「米国務長官として広島の平和記念公園と資料館を初めて見学したことを光栄に思う」と明言してくれたのです。

当時、米国では政治指導層だけでなく、その世論の大半は原爆投下について「戦争終結を早め、多くの米国の将兵だけでなく、日本国民の命も救った」として、これを正当化する声が主流をなしていました。ケリー長官の広島訪問に際しても「謝罪すべきではない」と主張した米メディアまでありました。

それだけではありません。時間は前後しますが、オバマ大統領による広島訪問が正式に決まった後、米CNNのインタビューに登場したオバマ大統領の側近の一人、スーザン・ライス大統領補佐官（国家安全保障問題担当）は番組の中で、オバマ大統領による広島訪問について「正しい決断だ」としながら、その一方で「興味深いことに日本は謝罪を求めていない。また、私たちはいかなる状況でも謝罪しない」と言明しているのです。

この時、ライス補佐官は原爆投下の是非に関しても「私の歴史観を話すつもりはない」と回答を保留していました。そして、オバマ大統領による被爆地訪問は第二次大戦の全ての犠牲者への追悼であり、オバマ大統領が掲げる「核なき世界」への取り組みを訴えるのが目的だと強調したのです。

こうした米国内の空気にもかかわらず、ケリー長官はG7外相会合という「枠組み」の中で平和記念公園を訪問してくれました。つまり、ケリー長官は自らの考えで行動し、自らの声で発信してくれたのです。資料館見学後に記者会見で述べた生身の言葉の数々、そして予定になかった原爆ドームの訪問がそれを証明しています。

記者会見の席上、オバマ大統領による広島訪問の可能性を問われたケリー長官はこう答えています。

「皆、広島に行くべきだと思う。米国の大統領にもその一人になってほしい。オバマ大統領は（広島に）行きたいと思っていることは知っているが、（五月の主要国首脳会議のために訪日する際に広島を）訪問するかどうかは、はっきりとわからない。帰国した際には大統領に（資料館のことを）必ず伝える」

この部分に関連して、今までは表に出ていないエピソードがあります。それは外相会談後にランチを終えた頃、傍らにいたケリー長官が私にそっと歩み寄り、「ちょっといいかな」と他の外相らとは離れた場所に私を誘い込んだ時のことです。そこでケリー長官はまるで自らに問いかけるかのように、私にこう尋ねてきました。

「オバマ大統領が広島に来たら、広島の人たちは皆、歓迎してくれるだろうか……」

当然のことながら、私は即座にこう返答しました。

「それはもう、もちろん。広島の人たちは必ず、大統領を温かく迎えてくれると思う」

振り返ってみればこの時、すでにケリー長官の「腹」は固まっていたと私は感じています。そして、そのケリー長官の強い後押し、助言がなければ、オバマ大統領の広島訪問も実現しなかったかもしれないと私は思い、今でもケリー長官にはとても感謝しているのです。

これには後日談もあります。オバマ大統領による広島訪問が正式に発表された後の読売新聞（二〇一六年五月二十一日付）によれば、オバマ大統領が広島訪問を真剣に検討し始めたのはケリー長官による広島訪問の直前であり、最終的にはケリー長官による広島訪問の報告を受けて決断したというのです。

読売新聞は、同紙の単独インタビューに応じた米国のダニエル・クリテンブリンク国家安全保障会議（NSC）アジア上級部長（当時）の言葉として、オバマ大統領が広島訪問を検討するにあたって、①「核なき世界」への関与を示せるか②罪のない犠牲者全てに敬意を示せるか③日米同盟に貢献するか——の三点について前向きの効果があるかどうかを検討し、その結果、全ての項目に「イエス」の答えを出した、と紹介しています。

ここで話を一六年四月十七日のG7外相会合に戻します。この日、外相会合は被爆地・広島から「核なき世界」を目指すことを主眼に置いた「広島宣言」や、テロや難民問題などに連携して対応する共同声明も採択しました。核保有国である米国、英国、そしてフランスを含む各国外相と平和記念公園を訪れ、核軍縮・不拡散といった私のライフワークについて、G7で一致して取り組む姿勢を内外に誇示することができたと自負しています。

「G7各国外相が平和記念公園を訪れたことと併せて、国際社会で核なき世界を作っていく機運を再び盛り上げる歴史的な一歩になった」

外相会合終了後の記者会見で、私はこう述べ、被爆地・広島でG7会合を開催した意義を意識的に強調しました。更に申し上げれば、採択された「広島宣言」では「広島及び長崎の人々は原爆投下による極めて甚大な壊滅と非人間的な苦難を経験した」と強調し、核兵器の使用による被害の大きさも世界にアピールしています。このほか、広島宣言はかつて地球上に七万発以上あった「核兵器国の核戦力は大幅に削減された」と指摘し、G7に所属する英米など一部の核保有国による「核の透明性」は向上していると評価しています。

一方で、「核なき世界」の実現に向けては「現実的、漸進的なアプローチ」が必要だと強調し、私の持論でもある核保有国と非核保有国との対話の促進も訴えています。また、核弾頭の数量など核保有の実態を明らかにしていない中国を念頭に「核兵器の透明性を高めるべきだ」と強調、最後に各国の政治指導者による広島・長崎訪問を促す内容も盛り込んでいます。

ケリー長官の広島訪問から数日後の四月十六日、米主要メディアの一つであるワシントン・ポスト紙は「オバマ大統領は謝罪のためではなく、今後七十年間、平和に向けて努力するために、都市（広島）を訪問すべきだ」との社説を掲載しました。この中で、同紙はオバマ大統領が二〇〇九年にプラハの演説で掲げた「核なき世界」に関連して、「広島において、オバマ氏が実現できていないプラハ演説の野心を精査することができる」と指摘し、オバマ大統領による広島訪問を強く後押ししたのです。

もう一人、オバマ大統領による広島訪問を実現させた功労者として、忘れてはならない人物がいます。それはほかならぬ、安倍晋三首相です。

「岸田さん、サミット（主要国首脳会議）は伊勢志摩で開催することにしました。（G7の）外相会議は広島での開催を検討してください」

私の記憶が正しければ、首相官邸の執務室で安倍首相にそう言われたのはまだ、日本がサミットの開催地を正式に決定していなかった頃のことです。実を言えば当初、一部の広島の関係者は「何とか、サミットそのものを広島に持ってこられないか……」と思案していた時期もありました。サミットそのものを広島で実現できれば、ストレートにオバマ大統領を広島で歓迎することができる、と思ったからです。

実際、安倍首相は当初、私にも「サミットはどうしたらいいかな」などと相談してくれていました。しかし、様々な事情を勘案して、総理大臣が最終的に「伊勢志摩で」と決めた以上、それに異論を挟むことなど一閣僚である私にできるはずもありません。

そこで私は代案、つまり、「プランB」を思いつきました。それはオバマ大統領が伊勢志摩を訪問した後、「何とか足を延ばして、広島まで来てもらうことはできないだろうか」というアイデアです。

幻となった「広島サミット」に比べ、創意工夫は必要かもしれないが、それでも「一つのチャンス」には違いない——。

そう考えた私は外務省で斎木昭隆次官ら幹部を集め、「伊勢志摩から広島へ」というシナリオが描けないか、内々に調査、検討して欲しいと命じました。この時、斎木次官はもちろん、ワシントンで交渉窓口の先導役となってくれた広島の高校出身の佐々江賢一郎駐米大使ら外務省の面々は、一丸となって私の構想を実現すべく奔走してくれました。

安倍首相による全面支援と外務省一丸となったサポート体制を得た私はこの時、「オバマ訪問」の実現に向け、確かな手ごたえを感じ、大きく前に踏み出すことができたのです。

この時、外務省で少し話題となったのが、「仮にオバマ訪問が実現したとして、果たして広島市民は原爆投下に対する『謝罪』を求めるのだろうか」という点でした。背景には、前述している通り、米国内で根強く残っていた原爆投下を「正当化」する声がありました。

つまり、米国の大統領による訪問が、日本側では原爆という非人道的な兵器を使用したという「過ち」について謝罪する機会と捉えられると、米国内では強い反発を予想する声が外務省内にはあったのです。そうした懸念に対して、私は省内でこう力説しました。

「広島の市民の多くは『謝って欲しい』とは言っていない。そうではなく、あの悲劇を繰り返してはならない。核廃絶を最大の核保有国である米国の現職大統領に訴えて欲しい。未来に向けて、『核のない世界』を目指すための一歩として是非、オバマ大統領による訪問を実現させて欲しい」

こうした政府内でのプロセスと同時並行的にケネディ大使との連携を強化し、ケリー国務長官の同意を得たのは、すでに紹介した通りです。今だから言えることですが、実はこの頃、私も言葉にこそ出しませんでしたが、内心ではオバマ大統領による広島訪問について「これは行けるのではないか……」と思い始めていました。

ところが、そうは簡単に行かないのが国際政治の難しいところです。ちょうど、伊勢志摩サミットが開催される直前、我々にとっては予想もしていなかった出来事が発生したのです。

オバマ大統領が広島を訪問する日から数えて約一週間前となる二〇一六年五月十九日夜、私はすでにこの案件について「政治的な同志」となっていたケネディ駐日米大使と外務省の執務室で向き合いました。

この日の議題は、沖縄県で発生した米軍属の男による日本人女性の死体遺棄事件を巡るものでした。席上、私は「卑劣で残忍で凶悪な行為であり極めて遺憾だ」と米軍の綱紀粛正と再発防止の徹底を要求。ケネディ大使も「心からの悲しみを伝える。捜査に全面的に協力し、再発防止のために努力する」と応じてくれました。

会談後、私は記者団に対して、「米側に遺族・県民の心に寄り添った誠意ある対応を求めたい」と述べる一方、その翌週に控えていたオバマ大統領による広島訪問に事件が何らかの影響を与えるのではないか、という推測に対してはこれを一蹴していました。

しかし、実は内心ではこの時、私は言い知れぬ不安を感じていました。もっと正直に話せば、この日の米側の緊迫した雰囲気の中では、オバマ大統領による広島訪問は「ギリギリまでどちらに転ぶかわからないかもしれない……」と心中、穏やかではなかったのです。実際、この後、伊勢志摩で開催した安倍首相とオバマ大統領による首脳会談にはいつになく緊迫した空気が流れ、会談そのものも厳しいものでした。

「卑劣きわまりない犯行に非常に強い憤りを覚える。沖縄だけでなく、日本全体に大きな衝撃を与えている。日本国民の感情をしっかりと受け止めてもらいたい」

二〇一六年五月二十五日夜、三重県志摩市内のホテルで約一時間にわたって行われた首脳会談の席上、安倍首相が毅然とした口調でこう述べると、オバマ大統領も「心からのお悔やみと深い遺憾の意を表明したい」と応じ、「このような犯罪が再発しないよう全ての努力をする。いろいろな手順を見直し、再発防止策を打つ。日本の司法制度できちんとした捜査がなされるよう全面的に協力する」と続けました。

この時、沖縄をはじめ、日本国内ではこの事件をきっかけとして、米国や日米地位協定を巡る不満が再び、一気に噴出していました。当然のことながら、安倍政権としても米国に対して厳しく対峙しなければならなかったのです。実際、この事件を契機として、日米両国は後日、日米地位協定に関する「補足協定」を締結しています。

「このような雰囲気のままで、本当にオバマ大統領は広島まで来てくれるのだろうか……」

今だから言えることですが、この日の夜、私は一人、悶々と気を揉んでいました。そんな私を気遣って、外務省北米局の幹部も深夜まで私の滞在する部屋を訪れては、オバマ大統領に同行している米政府幹部らとの事前調整の様子を克明に伝えてくれました。「第二次世界大戦で命を失った方々に敬意を表し、核兵器なき世界の実現というビジョンを確認し、私達が培ってきた素晴らしい同盟について再確認する機会になる」

この日の夜、オバマ大統領は安倍首相との記者会見の席上、数日後に控えた広島訪問についてこう語っています。幸いなことに、私の心配は結果的には杞憂に終わりました。その言葉通り、オバマ大統領は、伊勢志摩でのサミットを終えた後、歴史的な広島訪問に臨むことになるのです。

全ての広島県民にとって生涯、忘れられないであろう、二〇一六年の五月二十七日を迎えました。

この日、主要国首脳会議（G7伊勢志摩サミット）の会場となった三重県の志摩市を後にしたオバマ大統領は、ヘリコプターと大統領専用機「エアフォース・ワン」を乗り継いで、広島・平和記念公園にやってきました。その時、時計の針はすでに午後五時半に差し掛かろうとしていました。

夕暮れが間近に迫っていることを示す長い西日が差す中、専用車から降り立ったオバマ大統領がまず向かったのは、被爆者の遺品などを展示する広島平和記念資料館（原爆資料館）でした。

平和記念資料館については改めて説明する必要もないかもしれませんが、少しだけ紙幅を割かせて頂きます。

資料館は一九五五年八月、原爆投下に伴う市民らへの被害の惨状を伝え、核兵器の廃絶を国内外に訴えるため、広島市中区の広島平和記念公園内に開設されました。通称「原爆資料館」とも呼ばれる資料館には原爆投下直後に撮られた写真や、被爆者の姿が焼き付いたとされる「人影の石」、そして、黒焦げの弁当箱といった被爆者の「遺品」を数多く展示されています。

原爆投下から七十年以上が過ぎた今でも、資料館には国内外から年間で百万人を超える来訪者が絶えません。これもご存じでしょうが、平和記念公園には慰霊碑や世界遺産ともなっている「原爆ドーム」があり、毎年八月六日の「原爆の日」には平和記念式典を開催、米国など九十五カ国から駐日大使らが参加するほか、全世界から五万人が集まります。

実は、この資料館への立ち寄りについては当初、米側を中心に様々な意見が飛び交っていました。先述した通り、広島・長崎に対する原爆投下の是非を巡り、米国ではなお、「原爆によって日本の軍部の全面降伏を早め、もって最終的に戦争の犠牲者を少なくしたのだから、投下は正しかった」とする意見も少なくありませんでした。

たとえ戦時中であったとはいえ、原爆投下という非人道的な行為を断行した米国に対して、「そのことを謝罪すべきだ」という声は日本になお根強いと思います。しかし、当事国である米国内にはこうした議論に対して、少なからず感情的な反応も多いのが現状なのです。

これら一部の意見、あるいはそれ以外にも英国、フランスなど戦争当時、日本を「敵国」と見なし、戦っていた連合国側の国家への影響などにも配慮すべきだといった声がオバマ政権内にもありました。結果、ホワイトハウス内では当初、広島訪問は実現するとしても資料館訪問は控えた方がいいのではないだろうか、という一定の「慎重論」が、前述したスーザン・ライス大統領補佐官（国家安全保障問題担当）らを中心に燻《くすぶ》っていたのです。

こうした米側の意見に対して、私は水面下での外交交渉で真っ向から反論しました。その当時の思いは今も微動だにしていません。

「資料館に展示されている貴重な資料を見て、被爆の実相に触れなければ、その後の演説も献花も意味合いは半減してしまう」

私は何度となくそう主張し、米側を粘り強く説得しました。今、振り返ってみれば、オバマ大統領自らが資料館を訪れて、被爆の実相に触れることで『核のない世界』を実現しなければならない」というより強いメッセージを世界に向けて発信してもらいたい、という衝動が私を強く突き動かしていたのだと思います。

その思いが通じたのか、幸いにもオバマ大統領は最終的に資料館に足を運ぶことに同意してくれました。館内では事前に志賀賢治館長と相談して、特別に展示順を変えた幾つかの展示物をオバマ大統領に直接、見てもらいました。

この時、私は広島出身の外務大臣として、オバマ大統領に対する「説明役」を安倍晋三首相から仰せつかっていました。ただ、誠に申し訳ないのですが、この際、オバマ大統領が「何を見て、それらに対して、どのような反応を見せたか」といったことについては日米両国政府間の申し合わせにより、一切公開しないことになっています。ですから、ここでも詳細については残念ながら、紹介することはできません。

約十分間という短い滞在時間の中で、本当に伝えたいエッセンスを理解してもらうため、資料館のスタッフたちが特別に並べた展示品について、私は誠心誠意、英語で直接、オバマ大統領に説明しました。その際もできるだけ客観的な説明になるように細心の注意を払ったことは今でも記憶に鮮明です。

唯一言えるのは、記念館でオバマ大統領が特に関心を寄せたのが、被爆後に闘病生活を続けながら、わずか十二歳で白血病を患い、この世を去った佐々木禎子さんがその短い生涯の間に紡いだ物語だったということです。

後に平和記念公園にある「原爆の子の像」のモデルにもなった佐々木さんは、十二歳で亡くなる寸前まで平和を祈り、千羽鶴を折れば元気になれると信じて折り鶴を折り続けました。その生き方は日本だけでなく、米国でも多くの人の胸を打ち、今も語り継がれています。

その佐々木さんに思いを寄せたオバマ大統領は広島に来訪する途中に立ち寄った在日米軍・岩国基地でケネディ大使と並んで折った和紙の折り鶴まで持参し、資料館に寄贈してくれました。オバマ大統領は芳名録に「核兵器なき世界を追求する勇気を持とう」と記帳し、その横にも自作の折り鶴をそっと置いて資料館を後にしたのです。

その後、私はケネディ大使と共に安倍晋三首相とオバマ大統領の先導役となり、広島・長崎の被爆者たちや、松井一實広島市長、田上富久長崎市長ら約百人の参列者が待つ演説の舞台へと導きました。

そして、オバマ大統領は先に紹介した演説を始めるですが、この演説についても当初、日米両国の申し合わせでは「五分程度の簡単なもの」という想定でした。しかし、実際に蓋を開けてみれば、実に十七分間にも及ぶ、堂々たるスピーチに仕上がっていたのです。

後に聞いたところでは、オバマ大統領は側近のベン・ローズ大統領副補佐官が用意した草稿案に何度も自ら筆を入れ、自分で納得のいく内容に書き換えたそうです。当然、そんなことは私には知る由もありませんでした。ですから、当時、現場でその演説を聞いていた私は内心、「事前に聞いていたよりも遥かに長いスピーチになっている」と一人、感激したものです。

演説の中で、オバマ大統領は「我々はこの街の中心に立ち、爆弾が落ちてきた瞬間に思いを馳せずにはいられない。我々は、目にしたもので混乱していた子供たちの恐怖を感じずにはいられない。我々は静かな泣き声に耳を傾けている。我々は、あの悲惨な戦争、それ以前に起きた戦争、今後起こりうる戦争で命を落とした全ての無辜の人々に思いを馳せる」と語りました。

そして、これからも長く続くであろう、「核なき世界」への道のりを俯瞰しながら、「いつの日か、証言する『ヒバクシャ』の声は失われていくことだろう。だが、一九四五年八月六日の、あの朝の記憶は決して消えることはない。その記憶により、我々は現状に満足してしまうことに対して、戦うことができる。我々の道徳的な想像力をかき立てる。変化をもたらす」と力強く述べました。被爆者たちの願い、祈りの声を今後、幾世代にもわたって語り継いでいかなければならない、とオバマ大統領は強調したのです。

さらに、オバマ大統領は広島・長崎における原爆投下という、否定し難い事実を前にしながら、日本と米国が戦後、多くの苦難を乗り越えて友情を育んできた歴史的事実をこう表現しています。

「その運命的な日から、我々は希望を与える選択を行ってきた。米国と日本は同盟というだけでなく、友情を築いてきた。我々は戦争で得られるものより、遥かに多くのものを勝ち取ったのだ」

静まり返った記念公園で感動的な演説を終えたオバマ大統領は、踵を返すと参列していた被爆者らのもとへと歩み寄りました。その視線の先には演説を聞き届けた日本原水爆被害者団体協議会（被団協）代表委員の坪井直《すなお》さんら被爆者団体の関係者の姿がありました。

オバマ大統領と握手を交わした坪井さんが「大統領退任後も広島に来てください」などと通訳を介して訴えると、オバマ大統領は「ありがとう」と頷きました。自らも被爆者で、被爆した米兵捕虜の研究をしている森重昭さんと向き合った際には、涙ぐむ森さんの肩を強く抱き締めて見せる仕草も見せました。

被爆者との対話を終えたオバマ大統領は元安川越しに安倍首相、そして私と共にしばらく、公園内にある「平和の灯」の北側から原爆ドームを望み、少しだけ言葉を交わしました。その際の写真は多くのメディアが報道しているので、ご記憶の方も多いでしょう。

実はこの時も私はオバマ大統領に対して、平和記念公園の由来、目の前にあった「原爆の子の像」や、世界中から寄せられた折り鶴などについてレクチャーしています。誠意を込めて、この公園そのものが幾重にも体現している「意味」を説明した私に対して、オバマ大統領は何度も頷きながら、私の顔を見てポツリとこう漏らしました。

「この一角は（人類の）平和にとって、とても重要な場所なのですね……」

思いがけずに聞けた、その言葉の「重さ」を全身全霊で受け止めながら、即座に私はこう返答していました。

「その通りです、大統領閣下（ミスター・プレジデント）」

その後、大統領専用車でオバマ大統領は平和記念公園を後にしました。その滞在時間はわずかに一時間足らず、実際には四十分程度の出来事でした。しかし、広島県にとっては戦後、「最も長い一時間」となったのではないかと私は思います。原爆ドームに向かって歩きながら、オバマ大統領は最後に安倍首相と私に対して、こう言い残してくれました。

「広島に来ることができて、本当によかった」

第二章

保守本流の矜持

池田勇人と宏池会

「私の主張は、いま月給をすぐ二倍に引き上げるというのではなく、国民の努力と政策のよろしきを得れば、生産性が向上し、国民総生産（GNP）、国民所得がふえ、月給が二倍にも三倍にもなる、というのである」――。

日本が戦争に負けてから十四年近いの歳月が流れていた一九五九年三月九日、当時の日本経済新聞の朝刊一面にあった「経済時評」というコラムに、とある論文が掲載されました。

寄稿したのは池田勇人《はやと》。私が現在、所属する自由民主党の政治・政策集団、宏池会の創設者として知られる人物です。「私の月給二倍論」とされた論稿で、池田は後に日本の戦後政治史でも有名になる「所得倍増論」の原型とも言える主張を展開し、当時はまだ、貧しかった多くの日本国民に「明日への希望」を描いて見せたのです。

「無用不当に経済の成長力を抑えないこと、できるだけ各種の統制、制限をやめて、国民の創意と工夫を生かすこと、道路港湾、工業用水、衛生施設、科学技術の振興はもちろん、住宅その他の施設の充実につとめることによって、国民所得においても西欧にここ数年間で追いつきたい」

この論稿で、池田はこうも綴っています。驚くべきなのは、こうした池田の政策信条、問題意識が二十一世紀の今日、持続的な経済成長を目指す日本が課題として抱えている問題――5Gなどデジタル分野などでのイノベーションや、様々な規制緩和、新しい時代に即した「スマートシティ」構想など高度なインフラストラクチャーの整備――などに底流でつながっているということです。そして、池田はこう締めくくっています。

「これが政治家としての私の夢である」――。

池田の「夢」はその後、一九七〇年代以降、経済大国・日本として大きく花開くことになるのは多くの日本人が認めるところだと思います。

私が所属する「宏池会」は、一九五七年にその池田が創設した政策集団です。現在、自民党においては最も長い歴史を持つ集団、あるいは派閥と言われています。その名称は後漢の学者・馬融《ばゆう》が書いた「高崗の樹《うてな》に臥し、以って宏池に臨む」という一文に由来しています。日本の著名な陽明学者である安岡正篤がこの一文から命名したものであり、池田勇人の「池」の字と池田の出身地である広島の「ひろ」を「宏」に掛けているとも言われています。

「自得するところあつて動ぜず、綽々《しゃくしゃく》たる余裕ある」

宏池会のホームページを御覧になればわかりますが、その意味するところについては

「趣意書」として書き記した文言の冒頭で、そう説いています。もう少し、易しく言い換えるとすれば、「悠然としていて、何事があっても動じない様子」とでも言えばいいでしょうか。

日本大百科全書（ニッポニカ）によれば、この一文を残した馬融には「思想や生活にも、生命を重んじ自由を尊ぶ老荘的傾向」が見られたそうです。つまり、現代の言葉に言い換えれば、「リベラル」な思想の持ち主だったということなのかもしれません。そうした観点から言っても、現在の自由民主党において、宏池会が「リベラル派」と見なされていることはある意味、当然のことと言えるのでしょう。

実際、私の目から見て、戦後に宏池会を創り上げた先達は皆、「自由」というものに飢えていたのだと思います。戦前、戦中と軍国主義がはびこり、日本は全体として言いたいことも言えない、とても閉塞感の強い社会になっていました。

その中で私の先輩たちは心から「自由」を渇望し、宏池会を立ち上げました。つまり、リベラルの語源ともなっている自由、英語で言うところの「Liberty」を希求するという姿勢は我々、宏池会の原点ともいえるのです。

広島県というルーツ

もう一つ、宏池会の「宏」という文字が池田の出身地である広島の「ひろ」と掛けていると書きましたが、確かに何故か、宏池会には広島県出身の政治家が数多くいます。元来、宏池会の創設者である池田勇人が広島県竹原市の出身なのですから、それも当然と言えなくもありませんが、池田以外にも宮澤喜一、池田行彦、溝手顕正といった、戦後政治を彩る数多くの広島出身政治家が宏池会に所属しています。

「宏池会として、未来に向けて日本の政治でしっかり役割を果たしたい」

二〇一七年五月二十八日、私は宏池会の創立六十周年を祝う記念式典を広島市中区の中央公園で開催し、こう抱負を述べました。式典会場にこの場所を選んだのはもちろん、ここに宏池会の創設者である池田勇人の銅像があるからです。

池田勇人、大平正芳、鈴木善幸、そして、宮澤喜一――。

これまで合計で四人の総理大臣を輩出している宏池会所属の国会議員ら約三百人が出席する中で、私はこの時、「銅像の前に立ち、当時の政治の躍動感や歴史の重みを感じる。先輩方の業績の基礎に立ち、日本の政治を盛り上げたい」と述べ、広島出身の政治家として諸先輩に恥じないだけの「覚悟」をこの場で宣言したつもりです。

その四人の宏池会総理経験者の中で、池田勇人と宮澤喜一の二人は広島出身です。そして、宮澤と池田勇人の女婿である池田行彦は広島県出身の外務大臣でもあります。

ここからはかなり、ローカルな話になりますが、池田家と言えば広島の竹原市、一方の宮澤家は広島の福山市というのが地元でのイメージです。それに対して、岸田家は広島市をホームタウンとしています。つまり、私は被爆地広島市出身の国会議員としては史上、初めての外務大臣でもあったと自負しているわけです。

そんな私の「ルーツ」、あるいは人物評について、著名な政治学者である御厨貴《みくりやたかし》・東京大学名誉教授はかつて、毎日新聞に寄せた論稿（二〇一四年四月十日付）でこう書いてくれています。

《始めに宏池会ありき。政治家三代の岸田文雄には、ごく自然に生まれついての政治家としての雰囲気が漂う。しかも自民党のと言うよりは、宏池会のプリンスの方がピタリとくる。祖父岸田正記は落選中だったにもかかわらず、一九五七年の「宏池会」発足時の写真に写っており、明らかに創設メンバーの一人であった。その後、岸田がモノ心ついて以来、父岸田文武は当然のように宏池会に所属していた。広島の地で周囲を見渡せば、親戚に同じく政治家の宮沢一族がいる。しかも宮沢喜一は、第五代宏池会会長だったのだから。

東京のど真ん中の育ちながら休みのたびに自らの「一族」としてのルーツである広島

に戻ってアイデンティティーを確立。都会と田舎の双方の地から、やがて政治家になりゆく道がごくあたり前に開かれていく。岸田文雄には宏池会の政治家として立つことに、何ら疑念もなかったはずだ。いずれ広島の地を継いで再び東京に出て政治に携わることは、岸田にとってすっと受け入れられる運命であった。こういうタイプは今や希少価値である。

とはいえ岸田は、この国が育んだ豊かでまっすぐ進む政治家の一つの典型として存在する。広島のルーツも宏池会という伝統も、明確に岸田の政治家としての風景になっている。これだけの風景の中にあってすっくり立てる政治家には、それなりの器量があるのだ。九三年の当選以来、岸田の二十年に及ぶキャリアパスは、これまた往年の自民党スゴロクを踏襲するスタイルに近い。党と国会と内閣の職務をとりこぼしなく着実に務めている。その結果、スペシャリストではなくゼネラリストとして育っていく》

御厨教授のご指摘通り、岸田家のルーツが広島であることは第一章でも記した通りです。二十九歳の時、私はそれまで勤務していた日本長期信用銀行を退職し、父・文武の「地元秘書」になっています。これに伴い、広島市内に居を構え、今の伴侶・裕子を得ました。そして、裕子も広島県三次市の出身であり、当時は広島を地盤とする企業、マツダで重役秘書を務めていました。三人の息子たちも皆、広島で生まれ、育っています。

こうして振り返ってみると、改めて私と広島とは強い絆で結ばれているのだな、とつくづく思います。二〇〇〇年十一月に当時の宏池会会長だった加藤紘一が第二次森喜朗内閣の倒閣に加担しかけた、いわゆる「加藤の乱」によって宏池会が分裂してしまった時、当初は「加藤支持」の「反乱軍」の一員だった私を宏池会に引き留めてくれたのも、宮澤喜一、池田行彦らをはじめとする広島出身の五人の宏池会メンバーでした。

週刊東洋経済（二〇一八年二月三日号）にノンフィクション作家の塩田潮さんが寄せた記事によれば、私の前任にあたる古賀誠・第八代宏池会会長も私を第九代会長に推挙するに際して、こう述べたそうです。

「岸田さんは自ら判断ができる。リベラルで、清和会との違いという点をいちばん持っている。それと広島も大きな要因でした」

御厨教授の表現を借りれば、確かに政治家・岸田文雄にとって、広島はかけがえのない「原風景」になっています。だからこそ、広島県民の悲願である「核なき世界」の実現は、必然的に政治家としての私にとって、最も重要なライフワークの一つになっているのです。

戦後保守の源流

宏池会については「リベラル派」という言葉に加え、もう一つ、「保守本流」という表現が必ず付いて回ります。その意味するところを探るため、政治的な源流を辿れば、戦後・日本を代表する総理大臣として、この国を再び主権国家として立て直した名宰相、吉田茂首相に行き当たります。

戦時中、駐英大使まで務めるなど元来、外交官だった吉田が政治の世界に転身した後、その周囲に集めた政治的な同志たちの集まり、いわゆる「吉田学校」において、吉田に大蔵大臣に抜擢され、後に首相の座にも就いた池田勇人は紛れもなく、吉田学校の代表的存在でした。

吉田を政治の師と仰いだ池田勇人を先頭にして、宏池会はその後も前尾繁三郎、大平正芳、鈴木善幸、宮澤喜一、加藤紘一と数々の政治リーダーを輩出してきました。その歴代会長たちの名前、そして、その歴史を振り返るにつけ、現在、私が宏池会の会長としてその末端に連なっていることは大変、光栄なことだと日々、感じています。

一九五五年、日本民主党と自由党が合流して一つの政党になる、いわゆる「保守合同」が実現しました。戦後・日本にとって極めて重要な出来事となった、この保守合同が行われる前に吉田茂が率いた「吉田学校」といわれる人脈が宏池会の源流なのです。

ここで当時の時代背景や、複雑な政治的環境を理解するため、近代における日本の歴史を少しだけおさらいしておきましょう。

日本がナチス・ドイツやイタリアと共に、米国や英国、フランス、中国などの連合軍と対峙していた第二次世界大戦末期、つまり一九四五年の七月に、米英両国などから日本軍の「無条件降伏」を迫るポツダム宣言を突きつけられます。その後、米国によって広島、長崎に相次いで原爆が投下され、日本は同年八月十四日にこのポツダム宣言の受け入れを決めました。

日本は敗戦によって連合国の占領下におかれた後、一九五二年四月に発効した「サンフランシスコ講和条約」において、主権を回復しています。

あまり知られていないかもしれませんが、サンフランシスコ講和条約の正式名称は「日本国との平和条約」です。その意味するところは、日本と連合国との間で第二次世界大戦を終結させるために結ばれた平和条約であるということです。

条約署名の場となった米西海岸・サンフランシスコには、世界五十二カ国からそれぞれの代表者が参加しました。最終的な調印式には当時のソ連（現・ロシア）、ポーランより良い作品作りのために皆さまのご意見を参考にさせていただいております。
ご協力よろしくお願いします。(ご記入いただいた感想を、匿名で本書の宣伝等に
使わせていただくことがあります)

A. あなたの年齢・性別・職業を教えて下さい。
年齢(　　　)歳　　　性別　男・女　　　職業(

B. 本書を最初に知ったのは
1. テレビを見て(番組名
2. 新聞・雑誌の広告を見て(新聞・雑誌名
3. 新聞・雑誌の紹介記事を見て(新聞・雑誌名
4. 書店で見て　5. 人にすすめられて　6. インターネット・SNS を見て
7. その他(

C. お買い求めになった動機は(いくつでも可)
1. 内容が良さそうだったから　2. タイトルが良かったから　3. 表紙が良かったから
4. 著者が好きだから　5. 帯の内容にひかれて
6. その他(

D. 本書の内容は
1. わかりやすかった　2. ややわかりやすかった　3. やや難しかった　4. 難しかった

E. 本書に対するご意見・ご感想、ご要望などありましたらお聞かせください。

ご協力ありがとうございました。

郵 便 は が き

料金受取人払

葛西局承認

2100

差出有効期間
2021年12月31日
まで（切手不要）

134-8740

日本郵便株式会社
葛西郵便局 私書箱20号
日経BP読者サービスセンター
『核兵器のない世界へ』係 行

ご住所	〒□□□-□□□□　□自宅　□勤務先（いずれかに☑印を） （フリガナ） TEL（　　）　―
お名前	姓（フリガナ）　　名（フリガナ）
Eメールアドレス	
お勤め先	（フリガナ） TEL（　　）　―
所属部課名	（フリガナ）

※ご記入いただいた住所やE-mailアドレスなどに、DMやアンケートの送付、事務連絡を行う場合があります。
このほか「個人情報取得に関するご説明」（https://www.nikkeibp.co.jp/p8.html）をお読みいただき、ご同意のうえ、ご記入ください。

ド、チェコスロバキアなどを除く四十八カ国と日本を代表した吉田茂らが参加し、彼らによって調印されています。この時、旧日本軍が支配下に置いていた朝鮮の独立をはじめ、台湾・千島・南樺太を含む領土の放棄、そして、沖縄・小笠原については米国が施政権を保持することなどが定められました。

一九四五年、日本が全面降伏したことを受け、連合国は米太平洋陸軍司令官だったダグラス・マッカーサー将軍を対日占領の連合国軍最高司令官に任命しています。

一九四五年八月末、厚木飛行場に降り立ったマッカーサーは九月二日に日本との降伏文書に関する調印式を行い、以降、マッカーサーを頂点とする「連合国最高司令官総司令部」、いわゆるGHQが日本全土を占領する政策が始まりました。GHQの占領軍には英連邦軍なども参加していましたが、その大部分は米軍であり、日本占領は事実上、米国による「単独占領」も同然でした。

当初、GHQは日本が再び、軍国主義に回帰しないように徹底した政策を打ち出していました。その代表格が戦前、戦中、日本で主導的な立場にあった政治指導者を政界から追いやる「公職追放」の措置でした。

全面降伏を認め、ポツダム宣言を受け入れた日本にとって、その後の国家的悲願は平和を希求する国際社会の一員として、正式にその場に復帰することでした。そして、前述しているように一九五二年春、吉田首相はそのグランド・デザインに沿う形で、サンフランシスコで世界との「講和条約」を発効させることに成功したのです。

このように日本を取り巻く国際情勢が急速に変化するのに連動して、日本国内の政治風景・事情も徐々に変わり始めていました。具体的に言えば、GHQによって戦後、日本の政界から「公職追放」の名の下、遠ざけられていた保守政治家の多くがその解除措置を受け、政界に復帰してきたのです。

その代表格こそ、この頃、日本民主党の総裁に返り咲いていた鳩山一郎でした。因みに、鳩山一郎は平成時代に自民党から政権奪取に成功した民主党（当時）の初代党首、鳩山由紀夫の祖父にあたります。

戦後間もない頃、鳩山と吉田は共に日本自由党という政党に所属していた時期がありました。日本自由党を結党する際、その中核的存在だった鳩山は一九四六年の総選挙で日本自由党が第一党の座を確保すると、内閣総理大臣就任が確実視されました。ところが、鳩山はGHQによって公職追放処分になり、止む無く、元外交官の吉田を後継総裁に指名したのです。そうした経緯を経ながらも、やがて二人は思想・信条の違いからお互いに距離を置き、袂《たもと》を分かっていくのです。

その後、鳩山ら追放解除者、あるいは「戦前保守派」と吉田ら「戦後保守派」の政治的対立は、やがて誰の目にもわかるほど激しくなりました。鳩山・吉田という二人の個性的なリーダーの間に生じた個人的な確執は、その両派の対立を象徴するものと言えるでしょう。

その後、日本の政界で起こった様々な駆け引きや、権謀術数の数々、合従連衡の歴史については、すでに多くの書物や文献があると思うので、ここでは割愛します。いずれにせよ、一九五五年十一月十五日、鳩山率いる日本民主党と吉田率いる自由党は長年の政治的な確執を乗り越え、歴史的な「保守合同」を果たすことになります。その大義は「政局の安定を得て日本資本主義経済の発展を期すること」にありました。

時期を同じくして、日本の左派勢力だった社会党が再統一を果たしていたことも、日本の保守勢力の背中を押す要因となっていたと思います。ここに日本政治史で言うところの「五十五年体制」が確立し、ひいては、これが後の自由民主党による長期政権の礎を築くことになったのです。

大雑把に整理すると、現在の日本政界において、吉田・自由党の流れを汲むのは私が所属する自民党の宏池会であり、鳩山・日本民主党系の流れを受け継いでいるのが安倍晋三首相を輩出した自民党・清和会と言えます。

鳩山率いる政治勢力は「戦前保守」の主流であり、当時から、自主憲法の制定と再軍備を政治的課題に掲げていました。これに対して、吉田、池田らのグループは徹底した現実主義（リアリズム）に基づき、敗戦で疲弊していた日本を再起させるため、軍備の再増強は脇に置いて、戦争で疲弊し切っていた経済再生を国家として最優先事項に据える戦略、いわゆる「吉田ドクトリン」を構築していくのです。

吉田ドクトリン

ここで時計の針を一九五〇年の四月、日本がまだ、敗戦国として国際社会への復帰を認められていなかった頃に戻します。

時の首相、吉田茂は自らの内閣で大蔵大臣となっていた愛弟子の池田勇人を米国に派遣します。当時、日米双方で懸案となっていた日本の経済政策、そして、日本による世界との講和条約の締結問題を協議するためです。

すると米外交のトップ、ディーン・アチソン国務長官はその二か月後、想定外の外交攻勢を仕掛けてきました。ソビエト連邦（当時）の「南下政策」や、中国共産党の勢力拡大を受け、アチソン長官は側近だったジョン・フォスター・ダレス特使を通じて、一度は徹底した非武装を求めていた日本に対して、突然、「再軍備」を要請してきたのです。これに対して、吉田・池田の師弟コンビは真っ向から抵抗し、米国の要求を退けました。

「そのとき、ダレス氏は、日本の安全保障の問題について、日本が軍備をもたない状況をつづけることは、当時の国際情勢からしてとうてい許されることではないから、講和独立の要件として、日本の再軍備を主張した」

吉田はその著書「日本を決定した百年」の中で、当時の様子をこう回想しています。当時、米側の狙いを十分、悟った上で吉田はこう続けています。

「しかし、この再軍備に私は正面から反対した。なぜなら、日本はまだ経済的に復興していなかった。それどころか、すでに述べたように、当時の日本の経済自立のための耐乏生活を国民にしいなければならない困難な時期にあった。そのようなときに、軍備という非生産的なものに巨額の金を使うことは日本経済の復興を極めて遅らせたであろう」

ここに後に多くの政治史家や研究者が「吉田ドクトリン」と呼ぶ、吉田独特の考えのエッセンスが詰まっていると私は思います。つまり、戦後・日本は経済成長を最優先の国家戦略とし、武力に関しては米国との安全保障条約、いわゆる日米同盟を基盤として可能な限り、軽武装を続けるべきだという吉田の哲学が、この一文には凝縮されているのです。

吉田は別の著書（「回想十年・中巻」）の中で、当時の日本による再軍備の可能性について「考えること自体が愚の骨頂であり、世界の情勢を知らざる痴人の夢である」と一刀両断にしています。吉田が「回想十年」に記した、日本の再軍備に反対した理由は主として以下の三点です。

一、当時、戦勝国として圧倒的な軍事力と経済力を誇っていた米国に対して、敗戦国である日本が太刀打ちできるはずがなかった

二、戦争で疲弊した日本国民の間に再軍備にむけた心理的基盤が出来上がっていなかった

三、理由なき戦争に駆り立てられた国民にとって、敗戦の傷跡は深く、その処理すら、済んでいなかった

日本政治史に詳しい上智大学の宮城大蔵教授が、外務省系のシンクタンクである日本国際問題研究所の発行する「国際問題（二〇一五年一・二月号）」に寄せた論稿、「サンフランシスコ講和と吉田路線の選択」によれば、吉田が実際に戦後・日本の政治指導者

として決断したことは大別して、二つに集約できます。

まず、戦後初期の占領下において、社会主義圏を含めた全面的な講和条約が本来、望ましいとする「全面講和論」を退けた上で、日本の早期独立・回復を図るため、やむを得ない措置として英米主導の「単独講和」に踏み切ったこと。次に、同時に、独立回復後の日本の防衛戦略・安全保障政策については、当時から占領軍として駐留していた米軍にそのまま日本防衛を委ねるため、日米安全保障条約を調印したことです。

さらに言えば、前述したように、日本に対して再軍備を求めてきた米国や、自主武装を望む国内の保守勢力の圧力などを跳ね返し、警察予備隊から自衛隊へと漸進的な再軍備を進め、その結果として「軽武装」を選択したことも吉田の政治的決断の賜物だったと言えるでしょう。

そうした政治的慧眼の背景には、戦後・日本において「傑出した政治指導者の一人」と言われる吉田ならではの戦略的な政策思考があった、と私は思います。

特筆すべき吉田の戦略性に関して、ここからは宮城教授の論稿を参考に検証してみましょう。

まず、挙げられるのは吉田によって、日本が自国の防衛を「米国という他者に任せた」ということです。もちろん、戦前までの日本も日英同盟や三国同盟などを締結してはいましたが、実質的には自国の安全は独自の軍事力で担保しようとしていました。しかし、吉田は日米安保体制によって、戦後・日本の安全保障政策の根幹を米国との関係に委ねたのです。

当時、世界はすでに米国とソビエト連邦（現・ロシア）が形成する「東西ブロック」に分かれていました。そうした国際政治の現状に鑑みれば、仮に日本が戦後も独力で完全自衛を目指したとしても、どちらかの軍事同盟ブロックに吸収、あるいは組み込まれ、自主防衛は事実上、不可能であったことは明白でしょう。

「自国の防衛を米国の手に委ねる」という吉田の大胆な選択は、米国が担保する国際的な自由貿易体制の下で、日本が飛躍的な経済的発展を遂げる土壌をも提供してくれました。これは「米国市場」という、当時は世界最大の単一市場のドアが日本に対して大きく開くことを意味しており、最先端の米国製技術が豊富に日本に流入する契機ともなりました。

さらに、日本は米国から長期・短期の資本も導入できる上、「関税及び貿易に関する一般協定（ガット）」の条項により、日本に対して関税上の差別措置を取っていた西側各国に対して、米国がその撤廃を積極的に呼びかけてくれました。

こうした吉田の政策について、宮城教授は冷戦史家である石井修氏の言葉を引きながら、日本が「『核とドルの傘』の下で生きていく選択」をした、と表現しています。これらが相乗的な効果を発揮して、その後、日本が奇跡的な高度経済成長を遂げていくことはすでに歴史が証明している通りです。

当時、戦後・日本の安全保障政策については、占領期に外務省で模索されたこともある、スイスを模した「永世中立論」や、国際連合を主体とする「集団安全保障」に委ねる案、さらには芦田均内閣が提起した、有事の際に米軍が日本に駆けつける「有事駐留」の構想もありました。

しかし、吉田はそうした論に心を動かされることなく、米国と共に「日米同盟」という名のユニークな安全保障体制を構築していく道を選んだのです。もちろん、日本が主権国家でありながら、外国である米国の軍隊をその国土に駐留させるという、日米安保条約の是非については二十一世紀の今日ですら、侃々諤々の議論がありますから、当時は現在の比ではなかったはずです。

吉田も当時からそうした意見、批判を十分、意識していたようです。著書「大磯随想・世界と日本」の中で、吉田は「多くの批判を生んだことも、私としては忘れがたい」と綴りながら、こう言明しています。

「講和条約については私をはじめ各国代表が署名したが、安保条約に対しては、責任の所在を明らかにする意味で、私だけ署名した。歴史に対しいつまでも責任をとる所存である」

この時、吉田が一人で責任を負う形で成立した「日米安保体制」はその後、冷戦時代、ポスト冷戦時代、そして現在に至るまでその都度、日米両国を取り巻く環境の変化にも柔軟に対応しながら、その役割を果たしています。

その途上、日米安保体制は後に詳しく説明する「核の傘」の受け入れ、という日本にとってはギリギリの選択を迫ることにもなります。しかし、それは見方を変えれば、「非核の誓い」を立てた日本がそれを厳守しながら、中国やロシア、北朝鮮など核兵器に執着する国々からその身を守るための現実的、かつ、必要最低限の「護身術」ともなったのです。

吉田は日米安保条約の「本質」について、同じ著書の中で「条約の精神にある」と強調しています。その「精神」とはすなわち、「英米の率いる自由陣営の協力者として、平和の維持に寄与すること」と吉田は説き、「ここに深く考えを致すべきである」と締めくくっています。

ここにも現在の宏池会に引き継がれている精神、つまり、リベラルな思想を重んじ、「世界において自由主義陣営の一角たらん」という矜持を垣間見ることができると私は思います。

リベラル派の矜持

官僚機構の中で「政治向き」と吉田が判断した人間を自ら政治の世界に引き込んで結成した吉田派、言い換えれば「吉田学校」において、池田勇人はいわば、級長のような存在だったと言えます。なぜなら、池田はそれまでは日本の政治に縁のなかった「経済」という概念をそのど真ん中に持ち込んだ異色のリーダーだったからです。

当時、池田の周辺には総理大臣就任前後から、「財界四天王」と呼ばれた桜田武、永野重雄、小林中《あたる》、水野成夫といった財界の重鎮が「応援団」として名を連ねていました。同時に、吉田が敷いた「保守本流路線」を継承するため、様々なブレーンも集まっていました。その主な顔ぶれは星野直樹、高橋亀吉、稲葉修三、伊原隆、平田敬一郎、下村治、櫛田光男といった人たちであり、彼らがやがて、池田内閣の金看板となる「所得倍増計画」を作成するタスクフォースを形成したのです。

池田の思想・政策は自由党・吉田派のそれをベースとしており、その基本は米国との協調、言い換えれば日米同盟体制を基礎として、軍事・安全保障よりも経済成長を優先する、いわゆる「吉田ドクトリン」の発展的継承でした。

ここでは「所得倍増計画」の詳細にまでは触れませんが、当時の様子については、宏池会の大先輩である宮澤喜一元首相が二〇〇六年四月十二日付の日本経済新聞朝刊「私の履歴書」の中で、こう綴っています。

《造船疑獄が一九五四年（昭和二十九年）に起きた。佐藤栄作自由党幹事長は指揮権発動で逮捕を免れたが、当初は池田勇人政調会長の方が先に逮捕されるのではないかと言われていた。私や大平正芳さんら側近は心配になって、頻繁に池田さんのところに出入りした。弁護士に相談したりして防衛工作に奔走した。

吉田茂首相の長期政権もさすがにあきられ、ついに退陣することになった。鳩山一郎さんが後を継ぎ、翌五五年に保守合同で自由民主党が誕生した。私ども吉田さん直系のものにとって、鳩山さんや三木武吉さんらの軍門に下ったようで面白くない。吉田さんや佐藤さんは合同に参加しなかった。私は結党記念の党大会に行かなかった。池田さんも出席しなかったと思う。

池田さんを中心にして宏池会という派閥が誕生したのは五七年のことだ。長老の益谷秀次、林譲治さんや、前尾繁三郎、大平正芳、黒金泰美さんや私らが参加した。当初は政策を勉強するというより、三々五々集まって情報交換する場だった。

一方で池田さんの大蔵省時代の友人の田村敏雄（宏池会事務局長）さんを中心に、下村治さんや学者が集って勉強会をしていた。池田政権に備えて政策を準備するという明確な目的があったわけではない。下村さんが日本経済は興隆期に入ると言い始めて、これは重要なテーマなのでみんなで勉強しようということになったのだった。

五九年一月に中山伊知郎さんが「賃金二倍を提唱」という論文を発表した。私は面白く読んだが、池田さんも注目して、二月に広島で月給二倍論として演説した。月給だとサラリーマンしか対象にならない。私どもが意見を言って最後は所得倍増論という言葉に落ち着いた》

宏池会のリアリズム

これまで良くも悪くも「リベラル」とか、「ハト派」、あるいは「穏健保守」という枕詞を頂戴してきた宏池会ですが、私をはじめとして、確かに宏池会の面々は皆、戦後制定された平和憲法には強いこだわりを持っています。

実際、これまで宏池会が数多く輩出してきた先達も皆、厳しい現実の政治環境を真正面に見据えながら、平和憲法が目指す理想と精神を共存させるため、ギリギリのところで両者を調和させるべく、懸命に知恵を振り絞り、努力を重ねてきたのです。

その先駆けとなったのは言うまでもなく、宏池会の源流である吉田茂による日米安全保障体制の確立です。同時に、東西冷戦の激化に伴い、急速に強まった米国からの圧力を受けて、吉田が踏み切った警察予備隊の発足、そして、自衛隊の編成もそうでしょう。

先述したように米国、そしてGHQの対日政策は当初、軍国主義を排除することに主眼を置き、民主化を中心とした改革路線に重点を置いていました。しかし、その後、国際情勢が変化する中で政策を一転させます。具体的には日本を「反共産主義の砦」と見立て、経済復興と同時に再軍備路線へと舵を切っていくのです。

こうした転向路線を決定的にしたのは、一九五〇年に勃発した朝鮮戦争でした。連合国軍最高司令官だったダグラス・マッカーサー元帥は当時、日本占領のために駐留していた米軍を朝鮮半島に向けるため、日本国内の治安維持を名目として、吉田首相に七万五千人の警察予備隊の創設などを指示しました。吉田首相もこれを受け入れ、後の自衛隊へと発展して行くことになるのです。

一九六〇年の日米安全保障条約改定時には、その吉田が宏池会のリーダーだった池田勇人と共に、当時の国際情勢や国内動向を冷徹なリアリズムに則って分析し、二人にとっては「政敵」でもあった当時の岸信介首相による安保改定の政策については、これを支持するという姿勢を打ち出しています。

前述したように、日米安全保障条約は一九五一年に米西海岸・サンフランシスコで吉田茂によって締結されました。しかし、この時の安保条約（ここから旧安保条約と言います）は日本に自衛隊が発足する前に締結されたものであり、その内容は軍事協定というよりも、日本への米国による一方的な「保護協定」のようなものでした。

これに対して、一九五五年の保守合同で誕生した自由民主党は政党としての政策課題として、自主憲法制定や、防衛力強化と併せて、旧安保条約の改定を掲げました。目指すところは日米がより対等な立場で向き合う軍事同盟的な協定でした。

一九五七年、安倍晋三首相の祖父にあたる当時の内閣総理大臣・岸信介は、米国のドワイト・アイゼンハワー大統領との首脳会談などを経て、「一九六〇年の条約改定を契機として旧安保条約を改定する」という言質を米側から取り付け、その言葉通り、一九六〇年一月十九日に正式に調印します。

一九六〇年を改定時期と定めた日米両国政府は当初、アイゼンハワー大統領自らが来日し、歴史的な調印式を開催することを計画していました。しかし、日本国内では「対米従属的な性格が強い」などの理由で条約改定に反対する大衆政治運動が大きなムーブメントとなり、結局、米側が予定していた大統領訪問を取りやめる事態にまで発展しました。

結果、岸内閣は同年五月二十日に衆議院で条約改定に関する法案を強行採決し、同年六月十九日に自然成立に持ち込みました。その後、岸内閣は国内に空前絶後の争乱をもたらした責任を取って総辞職、その後継者として内閣総理大臣に就任したのが宏池会の創設者、池田勇人です。なお、現在の日米安全保障条約はこの後、一九七〇年に自動延長され、現在に至っています。

実はこの頃、吉田茂は岸信介に対して、少なくとも十一通の書簡を送り、安保条約改定に邁進する岸首相を陰ながら応援していました。

この書簡の存在を明らかにしたNHK教育テレビの特別番組「戦後日本外交はいかに形成されたか」（一九九三年五月十日放送）によれば、安保改定反対で騒然とした国内情勢を踏まえ、吉田は「日米国交のため一段の御努力を」などと記しながら、岸を激励しているのです。そして、新条約が発効した六月二十三日付の書簡では、その後の政局運営については自らの弟子である池田勇人との合意も経て、彼の派閥、つまり、宏池会を協力させることまで約束しています。

吉田・池田の師弟コンビが残したプラグマティックな政治的DNAはもちろん、その後の宏池会リーダーたちにも脈々と受け継がれています。その中でも一九九〇年代初頭に国内外で賛否両論が渦巻く中、宮澤喜一内閣が断行した国連平和維持活動協力法、いわゆるPKO法の成立を巡る攻防は、まだ私が国会議員になる前のことでしたが、私にとっては忘れられない出来事の一つなのです。

一九九二年六月十五日、衆院本会議はこの国会で最大の焦点となっていた「国連平和維持活動（PKO）協力法」を可決、成立させました。この時、法案に反対する社会党などは所属議員全員の議員辞職願を提出、捨て身の抗戦を挑みましたが、時の宰相・宮澤喜一は社会党との全面対決を辞さずに公明党、民社党（当時）と連携し、PKO法の成立に漕ぎつけたのです。

「PKOは中立性で戦争の終わりを維持改善しようとするものであり、国連からの要請を踏まえて憲法前文の精神にも沿うものだ」

この時、国会での論戦で宮澤は共産党の質問に対して、毅然とこう述べています。ここにも私が言う宏池会のスピリット、言い換えれば「理想と現実のギリギリの調和」を図ろうとした精神の痕跡が窺えます。

PKO法の成立に伴い、自衛隊は国連の平和維持活動の一環として組織的な海外派遣が可能となりました。その第一弾として、宮澤内閣は国連からの要請を待って、国連カンボジア暫定統治機構（ＵＮＴＡＣ）への参加準備に入る構えを取ったのです。

後に、宮澤首相自身は二〇〇六年四月二十六日に日本経済新聞に掲載された「私の履歴書」の中で、当時の心境について、こう回想しています。

「首相に就任した際に、国連平和維持活動（ＰＫＯ）協力法案は成立させなければいけないという強い思いがあった。海部内閣の時の湾岸戦争への対応で、日本は人的貢献をしていないと厳しく批判された。その経緯を踏まえれば、日本もＰＫＯならできるということをはっきりさせた方がいいと考えていた」

当時、宏池会や宮澤首相に対する「リベラル派」、「護憲派」といった見方から、宮澤内閣はＰＫＯ法の成立に消極的ではないのか、といった疑義も根強かったと記憶しています。しかし、宮澤自身はこのコラムの中で「『宮沢はＰＫＯに不熱心』と誤解する向きもあったが、私はこの法案に積極的だった」と明快に言い切っています。宮澤の言葉に宏池会が長く育んできた「リアリズム」の精神が見て取れると思うのは私だけではないでしょう。

宏池会の「リアリズム」を代弁する最後の例として、私が外務大臣として安倍晋三内閣で取り組んだ平和安全法制について、少し行数を割かせてください。

二〇一五年五月十四日、私が外務大臣を務めていた安倍晋三内閣はこの日の臨時閣議で、安全保障関連法案を閣議決定しました。これにより、それまで歴代政権が行使できないとしてきた「集団的自衛権」の行使が限定的に可能になり、海外における自衛隊の活動範囲も広がることになりました。これにより、日本の安全保障政策は大きな転換点を迎えたのです。

「世界の平和と安定にこれまで以上に貢献していく」

閣議後、記者会見した安倍首相はこう述べ、隣国である中国の急速な軍事力拡大や、北朝鮮による核・弾道ミサイル開発などで変わりつつある、日本の安全保障環境を睨みながら、日本が国際社会で新たな役割を任じていく決意を滲ませました。

焦点となった集団的自衛権の行使について、法案は①日本の存立を脅かす明白な危険がある（存立危機事態）②他に適当な手段がない③必要最小限度の実力行使にとどめる――の三つの要件を明記し、「厳格な歯止めを定めた。極めて限定的に行使する」（安倍首相）ことを内外に示しています。この「限定的な集団的自衛権」こそ、憲法の平和主義と厳しさを増しつつある安全保障環境への対応とをギリギリのところで両立させる重要なポイントであると私は考えています。

それから約四か月後の二〇一五年九月十九日未明、安全保障関連法は国内外の様々な議論を経て、参院本会議において与党などの賛成多数で可決、成立しました。野党・民主党（当時）などは「憲法違反だ」と主張し、ギリギリまで抵抗しましたが、最終的には数で勝る与党側が押し切った形となったのです。

「国民の命と平和な暮らしを守り抜くために必要な法制であり、戦争を未然に防ぐためのものだ」

この日の未明、法案成立を受けて、安倍首相は首相官邸で記者団に重ねてそう語っています。この時、安倍首相や私たち閣僚の念頭にあったのは憲法の平和主義を守りながら、中国、北朝鮮による軍事力増強を睨みつつ、日本の安全保障政策の根幹となっている日米同盟を強化し、日本の平和と安全に影響を与えるような「事態」に切れ目なく対応できるようにしたい、ということでした。

安全保障関連法を施行すると閣議で定めた二〇一六年三月二十九日、安倍首相は参議院予算委員会での答弁で「日米は日本を守るために助け合える同盟となった。間違いなく同盟の絆は強化された」と改めて強調しています。同じ日、私は即座に「まずは力強い外交を通じて好ましい国際環境をつくる」と語り、日本外交を取り仕切る責任者として安倍首相をサポートしました。

私のエールに応じるかのように安倍首相は法案成立後、「今後も積極的な平和外交を推進し、万が一への備えに万全を期したい」と宣言しています。そして、ここに私は安倍晋三という政治家の「リアリズム」を見ることができると感じているのです。

巷では安倍首相のことを「タカ派」とか、「ナショナリスト」と見る向きもいるようですが、私から見た安倍首相は極めて現実主義に則った政治リーダーと言えます。

平和憲法の在り方についても安倍首相は「改憲」を是とし、私は「護憲」の立場を取っていますが、安倍首相の意図はこれまで説明してきたような、戦後の様々な歴史を経て現在に至る自衛隊という存在を巡る違憲論争に終止符を打ちたい、ということだと私は感じています。同時に、安倍首相は戦後・日本が大事にしてきた「平和主義」は変えないと明言していたのです。

「外相として成立に携わった平和安全法制（安全保障関連法）では、平和憲法と、厳しい安全保障環境への対応を両立できるラインを探った。憲法の平和主義は議論の『起点』であり、そこを変えることは考えないのが私の立場だ。その立場から見た場合、自衛隊明記の憲法改正案は許容範囲内だ」

二〇一八年十月二十三日付の中国新聞のインタビューで私は当時の考え方、心境をこう説明しています。そして、それは今も全く変わっていないのです。

憲法改正について

「当面、憲法第九条を変えることは考えない」

平和安全法制が成立した直後の二〇一五年秋に開催した宏池会の研修会で、私はこう発言しています。一方で、安倍晋三首相が憲法改正を何としても自らの手で成し遂げたいと思っていたのは周知の事実でしょう。

これだけを見れば、私と安倍首相は政治信条的にお互い、相容れないように思えるかもしれません。しかし、安倍首相が主張してきた改憲の内容をよく見てみると「自衛隊の存在を明記すること」に重点が置かれており、同時に「平和主義」の放棄を一切、考えているわけではないという立場を示しています。これは私の憲法に対する考え方から見ても「許容範囲内」であると考えています。

「隊員たちが高い士気のもとで使命感をもって任務を遂行できる環境をつくっていかなければならないと、改めて強く感じている」

二〇二〇年三月二十二日、神奈川県横須賀市にある防衛大学校の卒業式で安倍晋三首相はこう強調し、現行の憲法改正によって自衛隊の存在を「合法化」すべきだという立場を改めて鮮明にしました。

防大の卒業生を前にした訓示の中で、安倍首相は中東海域に向けて日本を発つ海上自衛隊の護衛艦向けの出国行事が催されていた際、その現場で「憲法違反」と書かれたプラカードが掲げられていたことに触れながら、「隊員の子どもたちも、もしかしたら目にしたかもしれない。どう思うだろうか。そう思うと言葉もない」とも述べています。「自衛隊を憲法上、合法的な存在にする」という改憲案を安倍首相が開陳したのは、現行憲法が施行されてから七十周年の節目を迎えた二〇一七年五月三日の憲法記念日のことです。

この日、憲法改正を推進する保守系の民間団体が都内で開いたフォーラムに寄せたビデオメッセージの中で、安倍首相は「二〇二〇年を新しい憲法が施行される年にしたい」と表明しました。その上で、具体的な改憲項目としては「戦力の不保持」などを掲げた憲法九条の一項と二項を現行のまま残しつつ、新たに自衛隊の存在を明記するという改定案を公にしたのです。

かねて、安倍首相は自らが自民党総裁を務めている間に改憲を目指す意向を示していましたが、それまでは改憲案をまとめる立法府（国会）への配慮から、改憲の時期や項目といった具体的な案件については言及を控えてきた経緯もありました。そこから一歩踏み出し、具体的な目標時期を示したのはこれが初めてのことでした。

「自衛隊は違憲かもしれないけれども、何かあれば命を張って守ってくれというのはあまりにも無責任だ」

安倍首相はそう指摘した上で、「私たちの世代のうちに、自衛隊の存在を憲法上にしっかりと位置づけ、違憲かもしれないなどの議論が生まれる余地をなくすべきだ」と呼びかけました。同時に「九条の平和主義の理念は未来に向けてしっかり堅持していかねばならない」とも強調し、「九条一項、二項を残しつつ、自衛隊を明文で書き込むという考え方は国民的な議論に値するだろう」と自ら手掛けた改憲案に一定の自信ものぞかせています。

これに関連して私は、安倍首相による防大での訓示から約二か月前の二〇二〇年二月三日、衆議院予算委員会で質問に立ち、憲法改正問題について、安倍首相に対して「自衛隊の明記と共に自民党の提案している、他の三つの改憲項目にも注目するべきだ」と注文を付けました。

自衛隊を巡る問題だけではなく、選挙における一票の平等性や、緊急事態対応、教育の充実など「幅広いアプローチ」で憲法改正論議を進めていくべきだ、という私なりの考えを示すためでした。こうした幅広い議論によって、これまでは憲法改正に関心のなかった層も引き込まなければ、手続きとして国民投票が求められている憲法改正はいつになっても実現できないという問題意識が背景にはありました。

「憲法に自衛隊を明記することは意味があると思う」

二〇一八年三月九日に都内で講演した際、私はこうも述べています。この発言をもって、私は憲法九条の第二項（戦力不保持）を維持しつつ、「自衛隊」の存在を明記する憲法改正案を示した安倍首相の方針に対して、自分なりにエールを送ったつもりでした。

安倍首相が国会答弁で示したように私も自衛隊については今の憲法においても「合憲」であると思っています。しかし、実際には一部の法学者をはじめとして依然、自衛隊の存在を「違憲だ」とする意見も日本には根強く残っています。この不毛な対立を解消するための手段として、私は安倍首相のアプローチは現実的なものだと評価しているのです。

自民党の良いところは様々な多様性を許容し、それらを抱き込む自由でリベラルな空気を醸し出すところにあります。ですから、我々とは違った思想・信条を持つ政治家も沢山おり、それはそれで結構なことだと思います。しかし、例えば自衛隊を「国防軍」にするとか、平和主義に基づく「専守防衛」の精神を放棄するといった考えには、党内の意見といえども私は安易に乗ることはできません。

この点で、安倍首相は私から見て、極めて実直な「リアリスト」であり、それは悲願とされている憲法改正問題における安倍首相の姿勢、一連の言動にも垣間見ることができます。

自らの悲願である「憲法改正」問題だけではなく、安倍首相は第二次政権が発足して以来、在任中に数多くの場面で「ナショナリスト」ではなく、臨機応変な「リアリスト」としての顔を見せてきました。その実例としてここで挙げておきたいのは①米議会での演説②戦後七十年談話③真珠湾訪問——の三点です。

「私たちの同盟を『希望の同盟』と呼ぼう」

二〇一五年四月二十九日、安倍首相の姿は米国の首都、ワシントンDCの中央部に位置する米議会の議場にありました。米議会の上下両院合同会議という特別な場所で、安倍首相は安全保障政策や、環太平洋経済連携協定（TPP）などで日米が共に世界に貢献する意義を力説し、大喝采を浴びました。

この演説の中で、安倍首相はこの年が「戦後七十年」という節目であることを踏まえ、「先の大戦への痛切な反省（Deep Remorse）」にも言及しつつ、「アジア諸国民に苦しみを与えた事実から目をそむけてはならない」と述べ、当時の日本による「加害責任」についても正面から言明しました。

それから約四か月後の二〇一五年八月十四日夕、安倍首相は臨時閣議を開き、懸案となっていた戦後七十年に関する「安倍晋三首相談話」を決定しました。この中でも、安倍首相は先の大戦について「我が国は痛切な反省と心からのおわびの気持ちを表明してきた」と指摘した上で、「こうした歴代内閣の立場は、今後も揺るぎないものだ」と表明しています。

臨時閣議後、首相官邸で記者会見した安倍首相は自らの戦後談話の意義について「歴史に謙虚でなければならない。私はこれからも謙虚に歴史の声に耳を傾けながら未来への知恵を学んでいく」と未来志向の姿勢を強調しました。

今だから言えることですが、実はここに至るまでの過程で安倍政権とオバマ米政権は必ずしも良好な関係は築けずにいました。安倍首相による靖国神社への参拝などもあって、両国関係はどこかよそよそしく、しっくりと行っていない部分もあったのです。背景には、米民主党のリベラル派を中心に燻っていた安倍首相に対する「歴史修正主義者(Revisionist)ではないのか」という疑念がありました。

しかし、こうした一連の外交努力の結果、安倍政権とオバマ政権、言い換えれば日米関係を取り巻く空気はこの頃になると一変していました。安倍政権を支える外務大臣として私は日々、そのことを実感してもいました。さらに、それを決定付ける出来事がその数か月後に待っていました。

「歴史にまれな深く強く結ばれた同盟国となった」――。

年の瀬も迫った二〇一六年十二月二十七日、安倍首相の姿は米国・ハワイの真珠湾にありました。傍らに立っているのは、その約半年前に広島を訪問したばかりのオバマ大統領です。

二人の首脳は今から七十九年前、旧日本軍による真珠湾攻撃によって生命を亡くした犠牲者を追悼するアリゾナ記念館を訪れ、揃って献花しました。日米両国の首脳が真珠湾で共に慰霊するのは、これが初めてのことでした。

その後の演説で、安倍首相は強固な同盟関係を築いた日米両国の「和解の力」を強調し、オバマ大統領は「首相の訪問は和解の力を示す歴史的行動だ」と高く評価しました。同時に、安倍首相は戦後・日本の復興を支えた米国の「寛容の心」に感謝を伝え、日米両国の関係をここまで発展させた原動力は「寛容の心がもたらした和解の力だ」と力説しています。

米議会での歴史的な演説、国内右派と左派の均衡点を探った戦後談話、そして、真珠湾訪問――。

一連の対米外交で見せた安倍首相の行動は「親米・リベラル保守」を信条とする私に

とっても素直に受け入れられるものでした。

この頃、私も深くかかわった戦時中の従軍慰安婦を巡る日本と韓国の合意（日韓合意）も含め、安倍首相はいかんなく、そのリーダーシップを発揮したと思います。特に、真珠湾訪問と日韓合意については日本の保守勢力が強く反発しかねない要素もあっただけに、安倍首相の政治手腕は大きかったと思います。日本政界で保守派を代表する存在であり、かつ、「リアリスト」でもある安倍首相でなければできなかったと今でも私は感じています。

すでに述べているように安倍首相と私は政治的な流れ、信条といった面においては全く違う経路を歩み、多くの点で異なる考え方も持っています。加えて、私たちはこれまでの長い議員生活の中で、様々な政局を潜り抜けてきた関係上、色々と「複雑な組み合わせ」を経て現在の関係に至っています。

例えば、二〇〇〇年十一月に宏池会領袖だった加藤紘一が、当時の自民党・第二次森喜朗内閣に対する不信任決議案に同意し、倒閣を試みた「加藤の乱」において、私は当初、宏池会の一員としていわば、「反乱軍」のメンバーでした。一方の安倍首相は同じ清和会の森首相を守る「鎮圧軍」の主力幹部でした。

第二次安倍政権が発足した当初も私は内閣の一員になれるとは思っていませんでした。というのも、その前段となった二〇一二年九月の自由民主党総裁選において、私は安倍首相ではなく、先述した「加藤の乱」などで親交のあった石原伸晃候補に一票を投じていたからです。

「外務大臣。岸田さんは何でもできるから、できるよね」

この年の瀬、組閣にあたって私に電話をかけてきた安倍首相は明るい声でこう述べ、私に日本外交の舵取り役という大任を命じました。以来、四年半以上にわたって安倍内閣の外務大臣を務めてきたのはご存じの通りです。

実は外務大臣の職を辞し、自民党の政務調査会長に就任した際、具体的には二〇一七年の初夏、安倍首相から内々に「できれば外務大臣を続投して欲しい」と頼まれたこともありました。しかし、私自身は内心、「そろそろ、党務に戻りたい」と思っていたので、その要請を固辞し、「政調会長の職を拝したい」と安倍首相に直訴し、政調会長に就任しました。

「四年八か月、外相を務めた。『日米同盟の強化』、『近隣諸国との関係推進』、『経済外交の推進』の三本柱と合わせ、軍縮・不拡散などグローバルな課題を進めることが重要だと努力を続けた。様々な課題の中、一貫して心がけてきたのはバランス感覚だった」

二〇一七年八月三日、私は安倍首相が全閣僚の辞表をとりまとめた後の臨時閣議後、記者会見でこう述べました。

今、振り返ってみても、その言葉に一切の偽りはなく、実に充実した外務大臣生活だったと思います。その経験で培った実績と自信を胸に秘め、私はこれから「次」のステージに向けて着実に前進したいと思っているのです。

第三章

核廃絶のリアリズム

これまで私は広島出身の人間として、「核兵器のない世界」の実現という大きな命題に対して、どのように向き合っているのか、という点について記してきました。そして、戦後・日本が歩んできた足跡を主として政治指導者と安全保障という、二つの観点から駆け足でおさらいしながら、私が政治家としてどのような思想・信条を胸に秘めているのか、を綴りました。

更に日本の政界において数多くの先達が守ってきた理念、理想、伝統を守りながら、どのように核全廃という壮大な目標に向かっていこうとしているのか、ということを説明してきました。

それらを踏まえて、この章ではこれまでも幾度となく強調してきた私なりの「現実主義（リアリズム）」に則って、国際社会が今も抱えている数多くの難しい問題、言い換えれば核廃絶には避けて通れない「不都合な真実」を真っ向から論じてみたいと思います。冒頭でも書き記したと思いますが、そうでなければ核廃絶という、人類にとっての大きな課題はいつまでも「理想」のままであり続け、言い換えれば、永遠に「夢物語」となってしまうからです。

米朝電撃会談

二〇一八年六月十二日、シンガポール・セントーサ島。今、日本でも話題の統合型リゾート（ＩＲ）施設があることでも有名なシンガポール南東部にあるリゾート地にはこの日、世界中のメディアが集結していました。彼らの目線の先にあったのは二人の指導者の姿。一人はアメリカ合衆国大統領のドナルド・トランプ、そして、もう一人は朝鮮民主主義人民共和国（北朝鮮）の金正恩《キムジョンウン》国務委員長です。

一九五〇年に勃発した朝鮮戦争以来、長らく敵対関係にあった米朝両国の首脳が実際に顔を合わせるのはこれが初めてのことでした。それはすなわち、旧ソビエト連邦（現・ロシア）が崩壊した後も今なお、アジアに残っている「冷戦構造」がこの首脳会談の結果次第では大きく変化する可能性があったのです。

両首脳が会談場となるセントーサ島のホテルに到着したのは十二日の午前九時過ぎ。紺のスーツに赤いネクタイを着けたトランプ大統領は、中庭に面したホテルの通路をいつものように大股でゆっくり歩きながら、黒の人民服に身を包んで歩み寄ってきた金正恩委員長に近づきました。

「大統領閣下、お目にかかれて光栄です」

星条旗と北朝鮮の国旗の前でトランプ大統領と向き合った年下の金正恩委員長が、儒教思想に倣って、まず挨拶の言葉を発すると、トランプ大統領は即座に「素晴らしい関係を築きたい」と応じました。

この時、両首脳は十秒近くにわたって歴史的な「握手」を続けた後、会談場に向かいました。通路の途中、二人は時折、笑顔を見せながら、相手の背中に手を回す仕草まで見せ、打ち解けた雰囲気を意識的に演出して見せています。背景には、米朝双方がそれぞれの思惑や、意気込みを抱え、この首脳会談に臨んだという事情があったことは言うまでもありません。

「とてもいい気分だ。素晴らしい議論になるだろう。会談は成功すると考えている。光栄だ。わたしたちは素晴らしい関係を築ける。私はそれを疑っていない」

会談の冒頭、トランプ大統領がこう切り出すと、金正恩委員長はすかさず、「ここまで簡単な道ではなかった。我々には足を引っ張る過去があり、誤った偏見と慣行が時に目と耳をふさいできたが、あらゆることを乗り越えてこの場にたどり着いた」と応じました。

両首脳はまず、それぞれの通訳だけを交えて約四十分間会談しました。その後、マイク・ポンペオ米国務長官や、ジョン・ボルトン米大統領補佐官（国家安全保障問題担当）ら両国政府の側近らを含めた拡大会合に移り、約一時間四十分間、意見を交換しています。さらに拡大会合には出席しなかった金正恩委員長の実妹、金与正《ヨジョン》氏も招いて、昼食会も開いています。

拡大会合の席上、両首脳はこんなやりとりも披露しています。

トランプ大統領：これまで解決できなかった大きな問題、大きなジレンマを解決するだろう。

金正恩委員長：過去を果敢に克服し、向かい合うことは平和の前奏曲となるだろう。大きな事業を始める決心がある。

それぞれの事務方が苦労した舞台演出とは裏腹に、両首脳は心中の警戒心を隠しながら、双方の腹の内を探っているようでした。前例のない首脳会談のメインテーマはもちろん、一九九〇年代から核保有に野心を燃やし続け、今では実質的な「核保有国」と見なされている北朝鮮に「非核化」を迫ることでした。

それまでも米国はビル・クリントン、ジョージ・W・ブッシュ、バラク・オバマの歴代政権が北朝鮮に「核放棄」を求めて様々なアプローチを試みてきました。しかし、ブッシュ政権時代に米側が求めた「完全かつ検証可能で不可逆的な非核化」（CVID）

に北朝鮮は一切、応じてきませんでした。

「六者会合（六カ国協議）の目標は、平和的な方法による、朝鮮半島の検証可能な非核化であることを一致して再確認した」

実は、北朝鮮は過去一度、国際社会に対して「非核化」を約束したこともあります。二〇〇五年、日本、米国、ロシア、中国、韓国、そして北朝鮮は「六カ国協議」が発表した共同声明において、こう宣言しているのです。つまり、北朝鮮は共同声明という形ではありますが、「全ての核兵器と核計画を放棄する」とはっきりと謳った「実績」を残していると言っていいでしょう。

しかし、実際には北朝鮮は国連による数々の安全保障理事会決議に背き、その後も密かに核開発を継続し、かつ、六回もの核実験を経て、核兵器の「完成」を宣言するに至ったのは多くの方もご存じだと思います。

「過去のものとは違う本物のディールがあるかどうか、もうすぐわかるだろう！」

そうした経緯を頭に入れていたトランプ大統領は会談前、自ら得意とするツイッターへの書き込みでそう投稿し、北朝鮮特有の「言動不一致」性に一定の警戒感も示していました。

会談に際して、北朝鮮側はすでに表向きは「朝鮮半島の完全な非核化」を目指すとする一方で、裏では「段階的な非核化」を主張していました。つまり、自ら率先して核放棄する意思は一向に示していなかったのです。同時に、北朝鮮は一九五三年に締結した朝鮮戦争を巡る休戦協定以来、米側が継続していると彼らが思いこんでいる「敵視政策」の変更も要求していました。

言うなれば、この首脳会談は米側が北朝鮮に「完全な非核化」を要求し、その見返りとして、北朝鮮が米国に「朝鮮戦争の正式な終結」と「金正恩政権の体制保証」を求めるという「相互取引（ディール）」でした。同時に、トランプ大統領は会談直前の十一日には安倍晋三首相とも電話会談を行い、北朝鮮による「日本人拉致問題」を米朝首脳会談で提起することも「百パーセント保証する」と伝えています。

「（非核化について）我々は非常に迅速にそのプロセスを始める。我々が署名している文書は非常に包括的で、双方とも結果に非常に感動を覚えると思う。双方の関係者全員に感謝したい。今日起きたことは我々にはとても誇りだ。北朝鮮、そして朝鮮半島との関係は過去とは全く異なる状況に向かうだろう」

全ての会談を終えた両首脳は共同声明の署名式に臨みました。その際、トランプ大統領はこのように述べ、初の米朝首脳会談が成功裡に終わったことを印象付けようとしました。

これに対して、金正恩委員長も「（非核化について）我々は非常に迅速にそのプロセスを始める」と言明。同時に「我々が署名している文書は非常に包括的で、双方とも結果に非常に感動を覚えると思う」と続け、米側が求める「非核化」に前向きに応じるかのような、次の台詞も残しています。

「われわれは今日、歴史的なこの出会いで、過去を乗り越え、新たな出発を知らせる歴史的な文書に署名するに至った。世界は恐らく重大な変化を見ることになるだろう」

トランプ米大統領と北朝鮮の金正恩委員長がシンガポールで署名した共同声明の全文は以下の通りです。

《ドナルド・トランプ米大統領と北朝鮮の金正恩国務委員長は二〇一八年六月十二日、初めての歴史的な首脳会談をシンガポールで行った。トランプ大統領と金委員長は、新たな米朝関係の確立と、朝鮮半島における持続的で強固な平和体制の構築に関連する諸問題について、包括的で詳細、かつ誠実な意見交換をした。トランプ大統領は北朝鮮に安全の保証を与えることを約束し、金委員長は朝鮮半島の完全非核化への確固で揺るぎのない約束を再確認した。

新たな米朝関係の確立が、朝鮮半島と世界の平和と繁栄に寄与すると確信し、相互の信頼醸成によって朝鮮半島の非核化を促進できることを認識し、トランプ大統領と金委員長は次のことを言明する。

一、米国と北朝鮮は、両国民が平和と繁栄を切望していることに応じ、新たな米朝関係を確立すると約束する

二、米国と北朝鮮は、朝鮮半島において持続的で安定した平和体制を築くため共に努力する

三、二〇一八年四月二十七日の「板門店宣言」を再確認し、北朝鮮は朝鮮半島における完全非核化に向けて努力すると約束する

四、米国と北朝鮮は（朝鮮戦争の米国人）捕虜や行方不明兵士の遺体の収容を約束する。これには身元特定済みの遺体の即時帰国も含まれる

史上初の米朝首脳会談が両国間の何十年にもわたる緊張状態や敵対関係を克服し、新たな未来を切り開く上で大きな意義を持つ画期的な出来事だったと認識し、トランプ大統領と金委員長は共同声明の規定を全面的かつ迅速に実行に移すと約束する。米朝首脳会談の成果を履行するため、米国と北朝鮮はマイク・ポンペオ米国務長官と北朝鮮の担

当高官が主導して、できるだけ早い日程でさらなる交渉を行うと約束する。トランプ大統領と金委員長は新たな米朝関係の発展と、朝鮮半島と世界の平和と繁栄、安全のために協力すると約束する》

署名式後、首脳会談会場を後にする際、やや高揚した面持ちでトランプ大統領は金委員長に対して、こんなリップサービスまで披露しています。

「(金委員長は)素晴らしい性格で、そして非常に賢い。交渉に値する人物だ。我々は非常に良い日を過ごし、お互いと互いの国について多くを学んだ。我々は何度も会うことになるだろう」

しかし、この時のトランプ大統領が見せた「楽観論」が当の金正恩委員長率いる北朝鮮によって見事に裏切られたのは、すでに多くの方がご存じの通りだと思います。

失われた三十年

振り返ってみれば、北朝鮮が初代の指導者、金日成《イルソン》主席の指導の下、核兵器保有の野心をたぎらせ始めたのは一九八〇年代後半のことでした。

一九九四年になると、北朝鮮は寧辺《ニョンビョン》周辺にある黒鉛減速炉を用いて兵器用のプルトニウムを抽出している疑惑が持たれ、ビル・クリントン米政権がこれを問題視しました。一時は米空軍が北朝鮮の原子炉を電撃的に空爆することを引き金として、『第二次朝鮮戦争』が勃発する可能性が高い」と言われるほど米朝間の緊張が高まったのはなお、記憶に新しいでしょう。

その後、米朝両国は対立の舞台をスイス・ジュネーブに移して断続的に外交交渉を継続、遂には北朝鮮が核兵器開発を断念する見返りとして、米国、韓国、そして日本などが軽水炉二基を提供する「米朝枠組み合意（Framework Agreement）」を締結します。それもつかの間、北朝鮮は米国などの目を盗んでプルトニウムとは別の核物質、すなわち、高濃縮ウラン（HEU）を密かに蓄えていることが発覚、これを問題視したジョージ・W・ブッシュ米政権が「CVID（Complete, Verifiable and Irreversible Denuclearization)」というコンセプトの下、北朝鮮を徹底的に締め上げる強硬路線に転じました。

その後に登場したバラク・オバマ米政権は、核・ミサイル発射実験など「悪い行為に代償は伴わない」という方針の下、北朝鮮との積極的な関与を避ける「戦略的忍耐（Strategic Patience)」路線を進み、その政策のバトンをドナルド・トランプ政権に渡したのです。

この間、北朝鮮も初代の指導者である金日成主席から、その長男である金正日総書記、そして、金正恩委員長と「代替わり」を続けてきました。

主体思想と共産主義を背景に国民を牛耳る独自の専制政治・独裁体制を親・子・孫の三代にわたって続けている北朝鮮は、民主的なプロセスで定期的に指導者を替える米国に比べ、良くも悪くも「政策の一貫性」を保つことができます。そして、そのことを端的に示しているのが北朝鮮による核兵器・弾道ミサイル開発計画なのです。

例えば、今から三年ほど前に発行された米ワシントン・ポスト紙（二〇一七年八月八日付電子版）によれば、米国防情報局（ＤＩＡ）はその時点で、北朝鮮が保有する核弾頭の総数を「最大六十発」と見積もりました。一九九四年の米朝核危機の際、「兵器レベルの保有プルトニウム量はせいぜい一、二発程度」と米国防総省が見立てていた事実と比べれば、その差は歴然としているのがおわかり頂けると思います。

つまり、過去三十年近くにわたって続けられてきた歴代米政権による対北朝鮮外交は結局のところ、ただ、北朝鮮による核保有を強化させる時間を与えただけだったのです。北朝鮮政策における「失われた三十年」の代償はそれだけ、大きかったということでしょう。

ただ、この時、ＤＩＡが推定した北朝鮮の核弾頭数は当時、世界の専門機関が想定していたよりもかなり多いものでした。この頃、多くの専門機関は北朝鮮の保有核弾頭数について「十発から三十発程度」と見る向きが主流でした。

具体的には米科学国際安全保障研究所（ＩＳＩＳ）はこの年の四月、二〇一六年末時点での保有核弾頭を「十三発から三十発」と指摘しています。また、北欧のストックホルム国際平和研究所（ＳＩＰＲＩ）はこの年の一月時点で、「十発から二十発」と見積もっていました。

ワシントン・ポスト紙によれば、ＤＩＡはさらに北朝鮮が弾道ミサイルに搭載可能な小型核弾頭の生産に成功したとも分析しています。これらの結果、同紙は「北朝鮮の軍事的脅威は多くの専門家の予測よりはるかに急速に拡大している」と指摘し、その理由については「北朝鮮が（北米大陸を射程に収められる）大陸間弾道ミサイル（ＩＣＢＭ）級を含む、弾道ミサイル向けの核兵器を製造している」と結論づけています。

これは一体、何を意味しているのでしょうか。かなり大雑把に申し上げれば、北朝鮮は今や、ロシアや中国と同じく、いざとなれば米国を標的にして核弾頭を搭載したＩＣＢＭをいつでも発射できるかもしれない――ということになります。そして、それは日本にとって極めて重大な意味を持っているのです。

この「仮説」を敷衍《ふえん》すれば、北朝鮮と米国の間にも、かつて冷戦時代に旧ソビエト連邦（現・ロシア）と米国の間で成立していたと言われる「相互確証破壊（ＭＡＤ）理論」が適用される可能性もあります。

「ＭＡＤ（Mutual Assured Destruction）」理論の要諦は、大量の核兵器を保有している二つの国が対立した場合、どちらかが一方的に攻撃を仕掛けても相手国からの大量の核報復攻撃が待っているため、お互いに核兵器を使用できないという「にらみ合いの状態」が続くことにあります。

実際、北朝鮮が三年前の時点で、すでに核弾頭を六十発も保有していたとすれば、米国もおいそれとは核兵器を北朝鮮に対して使用することはできません。それはすなわち、米国が日本に今もなお、提供している「拡大抑止力（Extended Deterrence）」、言い換えれば「核の傘（Nuclear Umbrella）」の機能、あるいは信頼性が著しく低下することになります。なぜなら、仮に北朝鮮が「核の恫喝」を日本に対して仕掛けてきたとしても、米国は北朝鮮とのＭＡＤ理論に縛られて、「核の報復」を北朝鮮に明言できなくなる恐れが出てくるからです。

もちろん、北朝鮮よりも遥かに高度な科学技術と経験を持つ米国が数千発とも言われる核戦力を使って、全面的に北朝鮮に対峙すれば、その勝負の結果は目に見えています。

ただ、数十発の核弾頭を随時、移動可能なように小型化した上で北朝鮮が保有しているとすれば、少なくとも米国は北朝鮮による「限定的な報復核攻撃」についても視野に入れざるを得なくなるでしょう。だからこそ、米国は将来の懸案を取り除くため、ブッシュ、オバマと続く歴代政権が一貫して北朝鮮に「CVID」を求めてきたのです。

CVIDを巡る応酬

「互いに何を求めているかがわかり、とても実のある交渉だった」――。

二〇一九年三月一日、トランプ大統領はベトナム・ハノイで金正恩委員長と二度目の首脳会談に臨んだ後、お得意のツイッターにこう書き込みました。

この二日前の二月二十七日夕、ハノイ市内の老舗ホテル「ソフィテル・レジェンド・メトロポール・ハノイ」に顔を揃えた両首脳はまず通訳だけを交えて約二十分間、会談しました。その後、米側からはポンペオ国務長官ら、北朝鮮からは金英哲《ヨンチョル》党副委員長、金正恩氏の妹の金与正党第一副部長らも出席した全体会合も行われています。

今回の会談で最大の焦点となっていたのは、北朝鮮が前年六月にシンガポールで開催した首脳会談で米朝双方が確認・約束した「完全な非核化」を具体的にどのように進めるのかでした。そして、言葉こそ違え、トランプ政権が北朝鮮に突きつけた要求も実質的には「ＣＶＩＤ」だったのです。

しかし、結論から申し上げれば、この首脳会談は完全に不発に終わりました。会談の冒頭こそ、トランプ米大統領が「今回も初会談と同じか、それ以上の成功を期待している」と述べると、金正恩委員長もすかさず、「皆がよろこぶ立派な結果を出せると確信しており、最善を尽くす」と応じていますが、ポンペオ国務長官を中心に「完全な非核化」を強く求めた米側に対して、北朝鮮は激しく反発し、これを撥ね付けたのです。

二度目の首脳会談から約一か月後の二〇一九年三月二十九日、英ロイター通信は米政府高官の話として会談決裂の「舞台裏」を明かしました。それによれば、トランプ大統領が金正恩委員長に「全ての核兵器の米国への引き渡し」や、「関連施設の完全廃棄」などを求める文書を渡したことに対して、北朝鮮側が拒否反応を示したというのです。

「トランプ文書」の骨子は米政権内で「強硬派」と見られていた当時の側近、ジョン・ボルトン大統領補佐官（国家安全保障問題担当）がかねて主張していた内容に沿うものであり、日本などが求めるものでもありました。因みに、ボルトン補佐官はブッシュ政権でも国連大使や国務次官を歴任した、対北朝鮮政策の「ツワモノ」として知られていました。

ハノイでの首脳会談の直前、トランプ大統領は「北朝鮮が非核化すれば、すぐに（急速な経済発展で）繁栄しているベトナムのようになるだろう」とツイート。さらに「友人である金正恩委員長のためにいえば、歴史上で例がないほど素晴らしい潜在力と機会がある」と綴り、北朝鮮に最大限の賛辞を贈ってみせました。

会談の途中にもトランプ大統領は「北朝鮮には大きな経済的な潜在力がある。その実現を支援したい」と持ち上げ、核放棄の「見返り」として巨額の経済支援が待っているというニュアンスを強く滲ませました。

それにもかかわらず、会談に同席した北朝鮮の崔善姫《チェソンヒ》外務次官はこの時の結果に強い不満を隠そうとしませんでした。実際、崔次官は会談後、「金正恩委員長が今後（米朝交渉の）意欲を失うのではないかとの印象を受けた」と語り、米朝交渉の先行きに深い暗雲が垂れ込めていることを強く示唆したのです。

「全てやってくれ。そうすれば、私たちもまた全てをやる用意がある」

米国務省高官はハノイ首脳会談から一夜明けた三月一日、トランプ・金正恩会談の内幕を現地で記者団に明かしています。この高官によれば、トランプ大統領は会談の席上、金正恩委員長にこう呼びかけたといいます。

ここでトランプ大統領が語った「全て」とは、北朝鮮による全面的な非核化、そしてその「見返り」として米国が用意している制裁の全面解除でした。これがトランプ大統領自ら何度か口にしていた「ビッグディール（大きな取引）」と呼ばれる、包括的な合意案の骨子だったのです。これに対して、金正恩委員長が提案した内容は、核開発の主力拠点とされる寧辺の核施設の廃棄だけでした。

事実、トランプ大統領は首脳会談後、米ＦＯＸニュースの番組（二月二十八日放送）に出演した際、「彼ら（北朝鮮）はある特定の部分だけを非核化しようとしたが、私は全てを求めた」と語り、北朝鮮側の対応に不満を表明しています。

当時の報道などによれば、米側は金委員長が提案した「寧辺施設廃棄」についても強い疑念を持っていました。この頃、すでに寧辺には三百以上もの施設が集まっていたにもかかわらず、「廃棄の対象はその一部に過ぎない」と米側は踏んでいました。さらに、寧辺以外にも「カンソン」と呼ばれるウラン濃縮の秘密施設や複数のミサイル基地の存在が米情報機関によって明かされており、会談の席上、トランプ大統領はこうした極秘情報を金正恩委員長に直接、突き付けたと言われています。

「信じられないかもしれないが、私たちは北朝鮮を隅々までよく知っているんだ……」

首脳会談後の記者会見で、トランプ大統領は自信満々にこう明らかにしました。北朝鮮の秘密開発拠点とされる「カンソン」の存在も把握していると指摘しながら、「私たちは多くのことを取り上げた。彼らは私たちがそれらを把握しているのを知って驚いたと思う」と付け加えました。

表面的な美辞麗句とは裏腹に、トランプ大統領が会談の席上、金正恩委員長に対して、「虎の子」ともいえる、米情報機関が収集した最高機密を明かしてまで「非核化の定義」を明確、かつ、厳格に示した理由は何処にあるのか――。

その根源を辿れば、着実に保有核弾頭数を増やし続けている北朝鮮の動向を深刻に懸念し、「米朝間にMAD理論の適用などさせない」という強い決意に突き当たります。

だからこそ、意表を突かれた北朝鮮は態度を硬化させ、それまでの円満ムードを一蹴したのでしょう。この結果、二回目の米朝首脳会談は予定していた合意文書の署名式も翌日の昼食会も全てキャンセルされるという、文字通りの決裂に終わったのです。

「もし金委員長がこれを見ているなら、非武装地帯（DMZ）で握手してあいさつする用意がある！」

ハノイでの決裂から約四か月後の二〇一九年六月二十九日午前八時前、二十カ国・地域首脳会議（G20サミット）出席のため日本の大阪に滞在していたトランプ大統領は突然、ツイッターにこう投稿し、北朝鮮の金正恩委員長にラブコールを送りました。

その言葉通り、トランプ大統領の姿は翌六月三十日、南北朝鮮を分断する非武装地帯（DMZ）にありました。韓国の文在寅《ムンジェイン》大統領と共に一帯を視察した後、トランプ大統領はその足で板門店に直行しています。

そこで出迎えたのはツイッターに応じて待ち構えていた金正恩委員長でした。その後、二人の首脳は旧友のように握手をすると、揃って南北軍事境界線を歩いて越えるパフォーマンスまで披露しています。

ここに至る直前、トランプ大統領は得意のツイッターを駆使して、金委員長に緊急会談を呼び掛けています。その狙い通り、金委員長はトランプ大統領の誘いに二つ返事で応じたのです。現職の米大統領として、初めて北朝鮮に足を踏み入れたトランプ大統領の狙いは一体、何だったのでしょうか。

一九五三年に朝鮮戦争の休戦協定が署名された板門店は、米朝間の対立を体現する唯一の場所です。そこで現在も国際法上は休戦状態の米朝両国首脳が会談することは、米側にではなく、北朝鮮側にとって大きな意味があります。それはすなわち、休戦協定終結の可能性が出てきたことを内外に示すことができ、最終的には北朝鮮が長年、望んできた「終戦宣言」へとつながる「扉」を開くことにもなるからです。

国際的な経済制裁の解除だけでなく、米国による「体制保証」を欲している金委員長にしてみれば、これは「国内引き締め」にも使える重要な外交成果と映ります。つまり、金委員長にとって、この呼びかけは核放棄の見返りとして、米国から提示された大型の経済支援に続く、二つ目の「ご褒美」だったのです。事実、この時、トランプ大統領はこんな意味深な言葉も残しています。

「この場所は南北分断の象徴だ。この場で平和の握手をすることが、今後、より良くできることを示すことになる」

板門店の韓国側にある「自由の家」で会談した後、トランプ大統領は「素晴らしい瞬間を迎えた。軍事境界線を越えたことは大変光栄だ」と述べ、金委員長も「良からぬ過去を清算し未来に向かうことになる」と応じました。

一方で、トランプ大統領はこの場でも「スピードではなく包括的な合意が重要だ」と重ねて強調しています。「米国には急いで非核化交渉を進展させなければならない理由はない」という従来からの態度を示し、北朝鮮が提示する核廃棄に関する妥協案には安易に乗る素振りは微塵も見せなかったのです。結局、両首脳はハノイ会談以降、膠着状態にあった非核化交渉を再度、活性化させること以外、実質的な合意には至っていません。

こうした紆余曲折を経て迎えた二〇二〇年春、残念ながら米朝両国はその後も断続的に接触を繰り返してはいるものの、核放棄に関しては何ら実質的な進展はありません。

そうした状況に焦れたのか、金委員長は二〇一九年の年末、朝鮮労働党中央委員会総会を開催し、三度の首脳会談開催にもかかわらず、経済制裁を続ける米国を非難した上で「世界は遠からず、朝鮮が保有する新たな戦略兵器を目撃することになる」と突然、宣言したのです。

朝鮮中央通信によれば、金正恩委員長はこの場で米韓合同軍事演習や、経済制裁を続けているトランプ政権に対して、「対話を唱えながらも、朝鮮を完全に窒息させ圧殺しようと二面的な態度を取っている」と批判しました。その上で、「米国が対北朝鮮敵視政策を追求するなら朝鮮半島の非核化は永遠にない。我々が公約に一方的に縛られる根拠はなくなった」と指摘しています。

「米国の敵視政策が撤回され、朝鮮半島に恒久的な平和体制が構築されるまで、国家安全のため戦略武器開発を中断なく続ける」

金委員長は強い口調でこう述べ、一向に解除されない経済制裁を念頭に「人民が受けた苦痛と抑制された発展の対価をきれいに受け取るための衝撃的な実際行動に移るだろう」と威嚇しました。これを外交的な文脈で通訳すれば「今後の米国の出方次第では核開発や、ＩＣＢＭの発射実験を強行するぞ」と脅したわけです。

一方で、金委員長は「我々の核抑止力強化の幅と深さは、米国の今後の立場によって調整される」と発言し、トランプ大統領との「個人的な信頼関係」を足掛かりとして、今後も米朝対話のトラックを維持したい本音も垣間見せています。

ここまでに紹介した三回にわたる「トランプ・金会談」の経緯を見ればわかるように、北朝鮮の核を巡る動きは過去三十年余、ジェットコースターのように激しく上下動を繰り返しながら、基本的には「北朝鮮が保有する核弾頭数の増加」という形で、悪化の一途を辿っています。

例えば、この本を執筆していた二〇二〇年初春（三月二十一日）、世界中が中国発のコロナウイルス対策で頭を痛めている中、北朝鮮は突然、この年で三回目となる飛翔《ひしょう》体を二発発射しています。韓国軍合同参謀本部によると、二発の飛翔体は飛距離の弾頭の軌道は一度、下降しながら、再び上昇するという不規則なものだったそうです。これこそ、北朝鮮お得意の「威嚇外交」の一つと言えます。

加えて、日本と北朝鮮の間には核・ミサイル問題以外にも拉致問題という深刻な事案があります。日本政府にとって最重要課題の一つである拉致問題も含めて、全ての課題の一括解決を図るためには、北朝鮮が最優先の外交課題と位置付ける米国との国交正常化プロセスを睨みながら、日本としての立場、意見を米国に正確に伝え、それらを米朝協議の場でもきちんと反映させていくことが肝要になると私は考えています。

板門店での首脳会談の際、トランプ大統領は金正恩委員長を米国の首都・ワシントンDCにあるホワイトハウスに招待した一方、金委員長もトランプ大統領を北朝鮮・平壌に招待すると伝えたそうです。この本を執筆している最中、トランプ大統領からはコロナウイルス対策で北朝鮮を支援する用意がある旨、発信があり、これに金委員長も謝意を表明しています。

さらに、五月の連休前後には不可解な「金正恩死亡説」まで米国、韓国、そして日本でも飛び交いました。やがて、金正恩自身が健在振りを見せるとトランプ大統領がすかさず、「元気な姿で戻ってきて嬉しい」とエールを送る一幕までありました。

これらの動きから見て取れるのは米朝間には将来、北朝鮮による数々の突発的な挑発行為にかかわらず、再び交渉のテーブルに戻る可能性が多分にあるということだと思います。しかしながら、その先行きを楽観することは全くできません。

「北朝鮮問題は去年までの動きと今年の動き、本当にガラッと雰囲気が変わった。金正恩委員長は昨年まで核実験を四回行い、五十五発の弾道ミサイルを発射したが、今年は急にほほえみ外交、首脳外交を展開している」

最初の米朝首脳会談が開催された二〇一八年六月、私は自民党の政調会長として鹿児島県鹿児島市を訪問した際、自民党県連大会での演説で金委員長の「変節振り」をこう指摘しています。その上で「対話を通じて核、ミサイル、拉致といった問題が具体的に解決することを期待したいが、まだ予断は許さない。始まったばかりだということを肝に銘じなければならない」と続けました。

その際、私が自分自身の対北朝鮮外交での経験も踏まえて「いつまでにどうやって非核化し、どう検証するかは全く明らかになっていない」と指摘しています。この時、敢えて隠そうとはしなかった北朝鮮への私の猜疑心は残念ながら、やはり妥当だったということなのでしょう。

この世界から全ての核兵器を無くすためには北朝鮮のように国際社会の目を盗んで核兵器開発を進める行為を断固として許すことはできません。それと同時に、すでに保有している核兵器を全て廃棄させなければなりません。

ただ、その道のりは長く、険しく、今後も多くの曲折があろうことは、これまでの説明でおわかりいただけたと思います。私も外務大臣として長らく取り組んできた対北朝鮮外交ですが、その中核をなす核廃棄問題における「失われた三十年」は、残念ながら日本が「核兵器のない世界」を目指す上で、最も厄介と思われる「不都合な真実」の一つなのです。

核超大国・中国

「日本と中国は、近いようで遠い国である。それは『大晦日』と『元旦』の関係にもたとえられるであろうか。（中略）日中両国は、古くから一衣帯水の隣国であり、未来永劫にそうである」

私の所属する宏池会の大先輩、大平正芳元首相はかつて、その著作の中でこう記しています。その言葉通り、中国は日本にとって様々な観点で、非常に大切な隣国でありますす。すでに中国はＧＤＰ（国内総生産）で日本を追い抜き、世界第二位の経済大国となったほか、軍事・政治的にも米国やロシアに比肩する国家になりつつあります。

そうした事実に鑑みれば、その一挙手一投足は今、日本の政策にも大きな影響を与えることは言うまでもないでしょう。そして、本書のテーマである「核廃絶」という分野においても、中国の動向は大きなカギを握っているのです。ここからは、アジアにおける核廃絶に向けた「第二の不都合な真実」、すなわち、中国による核戦力を巡る動向についての論じたいと思います。

二〇一九年十月一日、中国の最高指導者、習近平国家主席は建国七十周年を記念する軍事パレードを北京で実施しました。過去最大規模となったこのパレードの目玉の一つは、新しい大陸間弾道ミサイル（ＩＣＢＭ）の「東風（ＤＦ）41」でした。

推定射程距離が一万二千―一万五千キロメートルと言われる「東風41」は中国本土に展開する移動式発射台から直接、米国の本土を攻撃できる能力を保持しています。ミサイル一発につき、最大十発の核弾頭（個別誘導複数目標弾頭）を搭載できるため、弾道ミサイル防衛システムなどを駆使したとしても、迎撃が非常に難しいとされています。

ストックホルム国際平和研究所によると、二〇一九年の一月時点で、米国が保有する核弾頭の総数は六千百八十五発。これに対して、中国は一桁違う二百九十発とされています。もちろん、それまでにも中国の人民解放軍は様々なＩＣＢＭや、潜水艦発射弾道ミサイル（ＳＬＢＭ）を開発・保有していましたが、米国の本土を狙うにはいずれも射程が足りないものばかりでした。

実際、核戦力で米国やロシアに大きく水をあけられていた中国は冷戦時代、「核の先制不使用」を宣言していました。しかし、近年では人民解放軍はこの方針を意図的にあいまいにしています。背景には、「東風41」や、潜水艦発射弾道ミサイル「巨浪2」、極超音速兵器を搭載する「東風17」など新たな運搬手段を実戦配備することで、核戦力においても米国やロシアと互角に対峙できるとの自信が垣間見えます。

そして今後も中国は急速に核攻撃能力を増強させるため、実戦配備する核兵器の数を大幅に増やすと見られています。東風41はまさしく、その象徴的な存在なのです。

さきほど、中国は核戦力において、米ロに差をつけられていると指摘しましたが、それを「アジア」という地域に限定してみると、必ずしもそうとは言えない状況になりつつあります。

背景には、米国が二〇一九年八月まで有効だったロシアとの「中距離核戦力（ＩＮＦ）全廃条約」に準拠して、陸上発射型の中距離ミサイルをアジアに配備していないことが挙げられます。これに加えて、米国は近年、洋上の艦船や潜水艦でも戦術核ミサイルの搭載を自主的に止めています。

さらに言えば、このパレードで中国は現代戦を一変させる「ゲームチェンジャー（試合のルールを変えるほどの能力を持つ武器という意味です）」と呼ばれる、新型の兵器もデビューさせています。

最新鋭の弾道ミサイル「東風17」はその一つです。このミサイルは一度、発射されて大気圏に再突入した後、複雑に軌道を変えながらターゲットに接近する「超音速滑空弾頭」を組み込んでいると言われています。このタイプのミサイルは、米国が日本などと開発・配備している弾道ミサイル防衛システムでも十分、対応できるかどうか、疑問符を付ける専門家もいるほどです。

二〇一九年九月二十七日に防衛省が公表した「令和元年版の防衛白書」によれば、二〇一九年度の中国の国防予算は約一兆千八百九十九億元（約二十兆二千二百七十九億円）でした。その数字は実に過去三十年間で約四十八倍、十年間というスパンで見ても約二・五倍という成長ペースです。

「米軍の空母が南シナ海を独占してきた状況は終わりを告げた」――。

二〇一七年初頭、中国の国営中央テレビは人民解放軍初の空母「遼寧」が南シナ海で本格的な訓練を実施する模様を伝えながら、こう言明しました。現在に至るまで、中国は「九段線」という、独自に定めた九本の境界線によって、南シナ海を「U」字形に囲い、ほぼ全域に自国の主権と管轄権がおよぶと主張しています。

中国にとって、南シナ海は戦略的な安全保障政策の要と言えます。なぜなら、南シナ海は対米核戦略という文脈で、自国の原子力潜水艦をいつでも太平洋に移動させるための重要なシーレーンとなっているからです。そして、その原潜の主な任務とは、有事の際に米国本土に核弾道ミサイルを発射することなのです。

実際、習近平が国家主席に就任した二〇一三年以降、中国は有事の際に米軍を寄せ付けないようにする「接近阻止・領域拒否（A2・AD）」戦略に沿って、南シナ海の軍事拠点化を加速させています。手始めとして、西沙諸島に地対空ミサイルと戦闘機を配備すると、南沙諸島周辺では相次いで大規模な埋め立て工事まで断行しました。

中国による南シナ海での相次ぐ人工島建設を巡っては、私も二〇一六年一月の外交演説で「現状を変更し、緊張を高める一方的な行動」だとした上で、「既成事実化は認められない」と強く非難しています。

同時に、南シナ海だけでなく、東シナ海での一方的な資源開発や、沖縄県・尖閣諸島周辺への領海侵入についても「主張すべきは主張し、毅然かつ冷静に対応するとの立場を明確にする」として、中国に強く自制を促すことも忘れませんでした。

残念なことに、こうした批判に対して中国は「法に基づき国家の主権を行使している」と真っ向から主張して一切譲ろうとせず、新たに造成した七つの人工島全てに最新鋭の軍事防空設備を構築し、今では実質的な実効支配に転じています。

二〇一九年七月二十四日、中国は四年振りに「新時代の中国の国防」と題した国防白書を発表しました。白書は、習近平主席が主導する軍改革を「強軍の歴史的歩みへ踏み出した」と評価しながら、その最終的な目標として「世界一流の軍隊」を目指していることを明らかにしました。

この時、米国だけでなく、世界の耳目を引いたのは中国が「核心的利益」と位置付ける台湾問題に再三、介入姿勢をみせるトランプ米政権を念頭に置いて、中国共産党指導部が発足以来の念願としている「台湾統一」に向けて、「武力の使用を放棄しない」と断言した一節でした。

台湾に関して、仮に独立の動きを見せた場合には「武力行使も辞さない」という表現は、習近平主席が二〇一九年一月に演説で使った言葉をそのまま引用したものです。白書はそれに加えて、「中国軍は一切の代償を惜しまず、国家統一を守る」と記しています。

白書は核兵器について、米国に依然として保有核弾頭数で桁違いの差を付けられている現状を踏まえ、「先制不使用」の原則はかろうじて維持しています。一方で核戦力を「国家主権と安全戦略の基礎」として高めていく方針を明記しています。

これは台湾による一方的な独立宣言や、これを支持する米国が軍事的に介入した場合、中国は「米国との核戦争も辞さない」という構えを強く示唆したもの、と多くの専門家は解釈しています。

二〇二〇年二月二十九日付の日本経済新聞によれば、中国は二〇一九年の一年だけで、合計百数十発のミサイル発射実験を敢行していた模様です。米軍の早期警戒衛星などが探知した情報として報じられたもので、その発射数は数十発レベルと言われる米国やロシアと比べても突出しています。

詳しい内訳は不明ですが、俗に「空母キラー」と呼ばれる対艦弾道ミサイル「東風21D」（射程千五百キロメートル以上）や、中国本土から米領・グアムに届く中距離弾道ミサイル「東風26」（射程四千キロメートル）とみられる発射が多かったようです。

こうした情報で裏付けられたのは、中国が今も質量両面でミサイル戦力の増強を急いでいるという実態でした。そして、その主たる動機が核・ミサイルの分野でも超大国として君臨し続けている米国への強い対抗心であることは誰の目にも明らかでしょう。

「世界の戦略的安定に影響を及ぼす全ての当事者を対象に検証可能かつ拘束力のある枠組みにすべきだ」

二〇一九年十二月十二日、マイク・ポンペオ米国務長官はワシントンで開催していたロシアのセルゲイ・ラブロフ外相との会談後、これからのグローバルな核軍縮のあり方についてこう力説しました。この時、ポンペオ長官の念頭にあったのは間違いなく、中国のことでした。

この約半年前、大阪で開催され主要二十カ国・地域首脳会議（G20大阪サミット）会場でロシアのプーチン大統領と会談した席上、トランプ米大統領も中国を加えた「二十一世紀型」の核軍縮の枠組みを議論することを提案し、その場でプーチン大統領の同意を得ています。

これまで核軍縮の歴史は、冷戦時代から米国と旧ソ連、そしてロシアの「二国間交渉」で進んできました。しかし、現在は中国が新たな「核超大国」として急速に台頭、核弾頭やその運搬手段であるミサイルの開発で目覚ましい進化を遂げているのは先述している通りです。

新戦略兵器削減条約（新START）は米ロの戦略核弾頭の配備数をそれぞれ千五百五十発に制限しているほか、ICBMなどの運搬手段にも上限を設けています。その傍らで着々と核戦力を増強させている中国は今後十年間で、現在の保有核弾頭数を倍増させていく、と米国防情報局（DIA）は分析しています。

つまり、「東風41」など新型ミサイルの加速的な開発と相まって、いずれは米国は対中国で核戦力においても「優位性」も保てなくなるのではないか——とポンペオ長官らは懸念しているのです。

中国への対抗政策の一環として、米国はすでにロシアとの間で取り決めた中距離核戦力（ＩＮＦ）全廃条約から脱退していますが、これに加えて、二〇二一年二月に有効期限を迎えるロシアとの「新戦略兵器削減条約（新ＳＴＡＲＴ）」の延長問題についても難色を示しています。

その理由はもちろん、「米ロ双方が核軍拡に歯止めをかけている一方で、中国は独自の核戦力拡大にまい進している」ということです。それは裏を返せば、現在の中国は国際的な核軍縮に応じる考えなど一切、持ち合わせていないということです。

二〇一九年五月十三日、習近平国家主席によるロシア訪問、プーチン大統領との首脳会談の地ならしのため、ロシアのソチを訪問していた中国の王毅・国務委員兼外相は「中国は米国とロシアによる核軍縮の交渉に参加する必要はない」と言明しました。中距離核戦力（ＩＮＦ）全廃条約に代わる新たな軍縮の枠組みに中国が加わるべきだとするトランプ大統領らの声を一蹴し、これを拒否する考えを内外に示したのです。

そして当の習近平主席は二〇一七年に開催した共産党大会で改めて、こう高らかに宣言しています。

「今世紀半ばまでに世界一流の軍隊を築く」――。

ロシアの核偏重

「米国は深い議論をせず、核兵器使用を含む大規模な紛争を避ける長年の努力を無にした」

二〇一九年八月五日、国際社会に向けて、こう発信したのはロシアのウラジーミル・プーチン大統領です。

この日、冷戦終結の象徴とされていた米国とロシアの中距離核戦力（ＩＮＦ）全廃条約が同月二日に失効したことを受けて発表した声明で、プーチン大統領はＩＮＦからの一方的な離脱を表明したトランプ米政権を強く非難しました。その上で、米国が新しい中距離ミサイルの開発・配備を実行した場合、ロシアも新開発の極超音速ミサイルなどで対抗する考えを示したのです。

第一章でも紹介しましたが、ＩＮＦ全廃条約は冷戦時代末期の一九八七年に当時のレーガン米大統領とゴルバチョフ・ソ連共産党書記長が調印、翌年に発効しました。その骨子は射程五百キロから五千五百キロメートルの地上配備型ミサイルの開発や配備を禁じるものです。これにより、当時の米ソ関係は大幅に緊張緩和が進み、その後の冷戦終結に大きく寄与したことでも知られています。

ＩＮＦ締結の底流にあったのは、レーガン・ゴルバチョフという二人の政治指導者が共に「核兵器」という存在に嫌悪感を抱き、「この地球上から無くせないものか」と極秘裏に議論した事実があったことも書きました。

あれから三十年以上の歳月が過ぎ、とても残念なことですが、核兵器、あるいは核廃絶を取り巻く世界の環境はすっかり、変わってしまいました。

プーチン発言から遡ること半年前の二〇一九年二月一日、トランプ米政権は一九八七年に旧ソビエト連邦（現・ロシア）と結んだＩＮＦ全廃条約の破棄を正式に表明しました。その半年前の二〇一八年十月に表明した破棄の方針を着実に実行して見せたのです。翌二日には条約締結相手であるロシアに通告、条約の履行義務を停止すると宣言するという電光石火の早業でした。

「米国だけが一方的に条約に制約されてはならない」

二〇一六年の米大統領選挙で「米国第一主義」を掲げて当選したトランプ大統領は、この日に発表した声明でこう主張しました。同じ日、ポンペオ米国務長官は記者会見に臨み、「ロシアは米国の安全保障上の国益を危険にさらしている。我々は適切に対応する責務がある」と大統領の言葉を補強しています。

トランプ政権がＩＮＦ全廃条約からの一方的脱退を主張した表面的な理由は、ロシアが新たに開発し、発射実験を行った巡航ミサイルの射程が五百キロメートルを超えるというものでした。皮肉なことに、この「条約違反」を二〇一四年七月に指摘していたのは、トランプ大統領の前任であるバラク・オバマ米大統領です。

しかし、トランプ政権の狙いは単にロシアの新型ミサイルを封じ込めるだけではありませんでした。

「皆が入ることのできる、非常に大きく、美しい枠組みが望ましい」

米国がＩＮＦ離脱を発表した二〇一九年二月一日、ホワイトハウスの閣議室でトランプ大統領は、「ポストＩＮＦ」の軍備管理・軍縮交渉の在り方として、中国も交えた多国間交渉が望ましいとの考えを示しました。

ＩＮＦ破棄を電撃的に表明した二〇一八年末にもトランプ大統領はお得意のツイッター（十二月三日付）に「習氏と私がいつか、プーチン氏と一緒に、歯止めのきかなくなっている軍拡競争をやめるための話し合いを始められると確信している」と書き込んでいます。

それから半年以上が過ぎた二〇一九年七月二十九日、ワシントン市内での会合でＩＮＦ脱退の「真意」について問われたポンペオ米国務長官は改めて「現在の世界情勢では、合意に中国が加わることが必要だ」と発言しています。

いずれの発信・発言についても、その真意はかつて第二次世界大戦の終末期に「ヤルタ会談」でルーズベルト（米大統領）、チャーチル（英首相）、スターリン（ソビエト連邦共産党中央委員会書記長）の「ビッグ・スリー」が顔を合わせたように中国の習近平国家主席、ロシアのプーチン大統領との間でトランプ大統領が「三国間軍縮協議」に取り組みたい、ということにほかなりません。

冷戦時代の一九八八年に発効したＩＮＦ全廃条約の主眼は欧州に置かれていました。当時、米国と旧ソ連との間では欧州を舞台にして熾烈な核軍拡競争が行われていたからです。

しかし、二十一世紀の今日、欧州で米ロが核戦力を背景にして、角を突き合わせる可能性は大きく後退しました。代わって、米国が懸念しているのは先述した通り、急速に核戦力を整備している中国の台頭であり、それによって様変わりした世界の安全保障環境だったのです。

「(軍縮枠組みに) 中国を巻き込むのなら、英仏、さらに世界中が核を保有していると知っているような国々も参加させよう」

ポンペオ発言から約二か月後の二〇一九年十一月十四日、訪問先のブラジルでプーチン大統領はこう呼びかけました。すでにこの時点で失効した米ロ間のＩＮＦ全廃条約に代わる新たな多国間核軍縮の枠組みについて、中国だけでなく、英国、フランスも含めた「P5」に拡大することを提案したのです。

発言の背景には、米国主導の「米中ロ軍縮交渉」に対して、「米国が一方的に条約から離脱する口実を与えるものだ」（外務省の華春瑩報道局長）などと強いアレルギー反応を示している中国への配慮がありました。一方で、ロシアにとっても長い国境線を共有する中国の核戦力強化は看過できるものではなく、その二つの要素の「折衷策」として多国間の「枠組み拡大」を申し出たのでしょう。

ＩＮＦなどで手足が縛られたままではロシアだけでなく、いずれは中国との核戦力競争でも勝てなくなるかもしれない――。

そんな不安が米国のＩＮＦ離脱という、大きな決断の背中を強力に後押ししたことは容易に想像できます。背景には、「核問題で中国をこのまま、野放しにしてはおけない」という強い危機感があったはずです。実際、ＩＮＦ離脱を表明する際に発表した声明で、ポンペオ米国務長官はこう指摘しています。

「トランプ大統領は過去の二国間条約を超える新時代の軍縮を求めた」

ＩＮＦ失効が決まった後、プーチン大統領は「（ＩＮＦ失効は）止めることのできない軍拡競争の再開を意味する」と警告し、米国を一方的に非難しています。しかし、実際にはそのロシアこそ、オバマ米大統領によるプラハ演説、そして広島訪問などによって盛り上がりかけた世界的な核軍縮のうねりに痛烈な冷水を浴びせた「張本人」でした。「ロシアは核戦力を戦闘態勢におく準備があった。状況がどのように展開しても相応の対応ができるよう指示した」

二〇一五年三月十五日、プーチン大統領はこの日の夜に放映されたテレビ番組で、二〇一四年三月にウクライナからクリミア半島を併合する際、核兵器使用の準備を始める可能性があったことを明らかにしました。

ロシア国営テレビのドキュメンタリー番組「クリミア、祖国への道」のインタビューで、クリミア情勢でロシアが劣勢になった場合、ロシア軍の核戦力を投入した可能性を問われたプーチン大統領は「我々はそうする用意ができていた」と言明したのです。

「世界的な紛争を引き起こしたい者がいるとは考えていなかった」

この時、プーチン大統領はこう付け加え、実際に核兵器の臨戦態勢を取る必要性はないと予測していたことにも言及する一方、核兵器を具体的にどのように使うのか、といった点については踏み込みませんでした。しかし、周到に計算された上で発せられたであろう、「核兵器を使用する用意があった」とする言葉が世界に与えた衝撃は強烈でした。

多くの専門家が指摘している通り、ロシアは直面する脅威や対抗策の原則を定めた軍事ドクトリンの中で、「核使用」について二つの類型を示しています。第一の類型は「大量破壊兵器による侵略を受けた場合」であり、これは米国や中国でも変わらないと思われます。問題は第二の類型です。すなわち、ロシアは「通常兵器による侵略を受けた結果、国家の存立が脅かされた場合」にも「限定的な使える核」として戦術核兵器を使うことを辞さないのです。

クリミア紛争を巡り、核使用の可能性に触れたプーチン大統領の発言がこの「第二類型」に属したものなのかは不明です。しかし、それを強く示唆する内容であったことは間違いありません。

核兵器をロシアの「国力の基盤」と考えているプーチン大統領が現在も「使える核」として保有しているのは、推定約二千発とされる戦術核です。いずれも射程は五百キロメートル以下の核爆弾・ミサイルなどで、ＩＣＢＭなどが「戦略的な抑止力」として「使えない核」と位置づけられるのに対して、これらは実際に戦場で「使える核」と見なされているのです。

ロシアが「使える核」に依存する理由として、「核なき世界」をオバマ大統領に指南したウィリアム・ペリー元米国防長官は自著の中で「通常戦力ではロシアは北大西洋条約機構（NATO）に勝てないからだ」と明確に指摘しています。実際、欧州で米国や、NATOが配備している戦術核は合計で約二百発レベルにとどまっており、ロシアのそれとは一桁違っています。言い換えれば、ロシアは米・NATO軍の十倍、戦術核戦力を保持していなければならないのです。

こうした戦力面での実態を踏まえ、ロシアは核に対して、独特の考え方を醸成しています。それはすなわち、「紛争緩和するために紛争を煽る」というものです。つまり、ロシアが関与する紛争について、局地的な核の先制攻撃、あるいは核を使用する構えを見せることで全ての関係者の緊張感を高め、結果的に敵を引き下がらせる——という考え方です。

二〇一五年七月二十二日、インタファクス通信はロシア軍部筋の話として、ロシアがクリミア半島に核兵器の搭載が可能な長距離爆撃機「Tu22M3」を配備する可能性も示唆しています。米国が東欧に配備を進めるミサイル防衛（MD）システムへの対抗措置という名目ですが、実態としては対NATOを想定して、「使える核」をより効率的に運用する狙いがあるのは明白です。

「通常兵器による大規模な攻撃だけでなく、局地的な戦争を含めて核使用の条件を見直す」

今から約十年前の二〇〇九年当時、ロシアで核戦略を担当していたニコライ・パトルシェフ国家安全保障会議書記は、有力紙「イズベスチヤ」のインタビュー記事で九年振りに見直す軍事ドクトリンの中身を問われ、こう返答しています。

この時、最も注目されたのは「核の先制使用」に関する表記でした。二〇〇〇年に公表した軍事ドクトリンなどでは「通常兵器による大規模侵略にも核を先制使用する」という表現にとどめていましたが、〇九年のドクトリンでは「地域的・限定的な戦争」においても核を使用する可能性に言及している点に世界は注目したのです。

抜本的な戦略転換の理由として、パトルシェフ書記は「二〇二〇年までの世界の軍事情勢を予測・分析した結果だ」と述べています。それはロシアが米ロ間の大規模戦争から、グルジア紛争のような局地的な軍事紛争に核戦略をシフトさせていくことをすでに暗示していました。

「核の近代化」において、一部専門家の間で「ロシアが米国に二十年は先行している」と分析する理由もここにあるのです。インタビューの最後にパトルシェフ書記はこう言い残しています。

「安全保障上、危機的な状況に陥れば、核を先制使用する可能性も除外はしない……」

変わるＮＰＲ

国際的な反核機運などお構いなしに、ひたすら核軍備増強を続ける中国を「前門の龍」とすれば、独自の生き残り戦略として「使える核」の使用も辞さないロシアは「後門の虎」と言えるでしょう。

期せずして、両者に挟まれる格好となった米国も一転、反撃に出るまでに多くの時間は必要ではありませんでした。ちょうどその頃、「米国第一主義」を掲げたトランプ政権が誕生し、こうした機運は米国内の「核兵器をなお、重視する防衛タカ派」（ウィリアム・ペリー元国防長官）を一気に勢い付けました。前述した米国によるＩＮＦからの一方的な離脱宣言は、そうした米国内のタカ派の反転攻勢を告げる「政治的な狼煙《のろし》」に過ぎなかったのです。

米国が政権ごとに打ち出してきた核戦略の動向は、私の目指す「核兵器のない世界」実現を左右する一大要因です。それだけでなく、日米安全保障体制に基づき、歴代米政権が日本に提供している「拡大抑止力」、すなわち、「核の傘」の信頼性や耐久性、そして、その抑止効果にも大きな影響を与える事実を私たちは忘れてはならないのです。

二〇一八年二月二日、トランプ政権は向こう五年から十年間にかけて、安全保障政策の根幹をなす核戦略の指針となる「核態勢の見直し（Nuclear Posture Review＝NPR）」を発表しました。その骨子はオバマ前政権が進めてきた「核軍縮戦略」を抜本的に見直し、核兵器による「総合的な抑止力」を強めることでした。

具体的には、核兵器の使用条件を従来からの「核攻撃への抑止」と「反撃」に限定せず、通常兵器を使った攻撃にも場合によっては「核の使用」を排除しない方針を打ち出したのです。

この方針に沿う形で、NPRは爆発力を抑えた核兵器の開発方針も明記しています。「核なき世界」を目指して核の役割を減らそうとしたオバマ前政権に対して、トランプ政権は「使える核」を自ら開発・保持することで、「核の役割」を拡大したと言ってもいいでしょう。

翌二月三日、米国が発表した新しいNPRについて、与党の政務調査会長として意見を求められた私は「唯一の戦争被爆国として、核兵器のない世界を目指すという長期目標に影響があるかどうか、よく注視していかないといけない」とコメントしています。その言葉通り、ここからは米国が何故、「核なき世界」を目指した「オバマ・ドクトリン」から転向し、どこに向かおうとしているのかを丹念に探ってみたいと思います。

「使える核」を武器にクリミア併合など領土的な野心を隠さなくなったロシアや、国際的な軍備管理の枠に縛られることなく、急速に核超大国化しつつある中国、そして、核保有の野心を一向に捨てない北朝鮮――。

この新政策の背景には、トランプ大統領独自の「政治的な思惑が透けて見える」と指摘する声もないわけではありません。「核なき世界」を掲げてノーベル平和賞を受賞した前任のバラク・オバマ前大統領が敷いた「核融和路線」を全面否定して見せるための政治的ポーズだ、という見立てです。

ただ、問題はそれほど単純ではなく、その深淵にはロシア、中国、そして北朝鮮などが新たに生み出した根深い「問題」があることは、これまで説明してきた通りです。

「核の役割や数を減らす、この十年にわたる米国の努力にかかわらず、他の核保有国は安保政策での核の優位性を増してきた」

実際、この日に発表した声明で、トランプ大統領はこう指摘しています。名指しこそしませんでしたが、ロシアや中国を痛烈に批判したのは明らかでした。その上で、米国は国連でも認められている「自衛権」を背景として「二十一世紀の様々な脅威に柔軟に対処する」と表明したのです。

このＮＰＲには大きく分けて、二つの重要な要素が含まれています。一つ目は「核の使用条件」の大幅緩和です。ＮＰＲによれば、従来からの姿勢である「米国や同盟国が極限の状況に陥ったときにだけ使用する」という方針は継承しています。ここで言うところの「極限の状況」とは、先制核攻撃によって壊滅的な打撃を受けた場合を指していると思われます。

一方で、ＮＰＲは米国や同盟国が一般国民や、主要インフラ、核施設などに対して、「重大で戦略的な非核攻撃（通常兵器による攻撃）」を受けた場合、これも「極限状況」と解釈し、通常兵器の攻撃への反撃として核兵器を使う選択肢があることを明言したのです。

二つ目は、これまで米国が積極的には手掛けてこなかった新しい核兵器の開発推進です。具体的には、潜水艦発射弾道ミサイル（ＳＬＢＭ）向けに爆発力を抑えた小型の核弾頭や、核搭載可能な海洋発射型の核巡航ミサイルを新しく開発する方針を示しています。

いずれも冷戦時代のＩＣＢＭのように敵対国の大都市などで民間人を巻き込む大量破壊を意図したものではなく、敵対国の軍事基地や施設などをピンポイントで破壊する局地的な戦闘を想定しており、民間人ら非戦闘員の被害をできるだけ小さくするもの、とNPRは説明しています。

しかし、「小型」とはいっても、そこはやはり核兵器です。米メディアなどによれば、この時、米国が開発しようとしていた「小型核」の爆発力はTNT火薬換算で二十キロトン以下と見られています。因みに、広島に投下された原子爆弾は約十五キロトンです。つまり、現代の物差しに照らせば、あれだけの惨事を引き起こした広島型の原爆も「小型」の範囲に入ってしまうのですから、言葉を失ってしまいます。

「使える核」として新しい小型核兵器を開発し、それを契機に核使用の制限を大幅に緩和する——。

オバマ大統領の指導力の下で「核なき世界」実現のための「エンジン役」を果たすはずだった米国による、この驚きの転身は一体、どうしたことなのでしょうか。その「震源」を探るためにはオバマ以前、つまり、第四十三代アメリカ合衆国大統領、ジョージ・W・ブッシュ政権時代にまで遡らなければなりません。

ブッシュ・ドクトリンの影

二〇〇一年一月、ジョージ・W・ブッシュ政権の発足に合わせるかのように、ワシントン郊外にある小さなシンクタンク「全米公共政策研究所（NIPP）」が米国の目指すべき、将来の核戦力の在り方を論じた報告書を取りまとめました。

「この戦略には、多様な性質の武器が求められる」

報告書が指摘した「戦略」とは、北朝鮮やイランのような「潜在的敵性国家」が保有する核などの大量破壊兵器に対抗するため、地下深くに隠された軍事施設をピンポイントでたたく核攻撃のシナリオを意味していました。

その「戦略」を実現可能なものにするためには「新しい核兵器を設計し、生産する能力が求められている」と報告書は指摘しています。つまり、ブッシュ政権に対して、新しい「地中貫通型の小型核爆弾」を開発する必要性を進言していたのです。

巨大な国土と核戦力を持ち、今なお冷戦時代のMAD理論がある程度は通用するロシアや中国ではなく、北朝鮮のような「ならず者国家」に対しては実際に「使える核」を手にしなければならない――。

この時点で、すでに米国は既存の「地中貫通弾」としてイラク戦争やアフガニスタン攻撃で使われた精密誘導弾頭の「GBU－28（通称：バンカー・バスター）」や、実戦配備済みの「B61－11」弾などを保有していました。

しかし、ここで提唱された小型核弾頭は従来の兵器に比べて地中貫通力が飛躍的に高く、かつ従来の核爆弾よりも放射能の拡散も限定的に抑えられるもの、と定義されました。

NIPPのキース・ペイン所長はこの後、ブッシュ政権で核戦力態勢を総括する国防副次官補に就任しました。それだけではなく、この報告書の作成に関わった主なメンバーは皆、ブッシュ政権の要職に登用されています。

具体的には、ホワイトハウスで「核のボタン」を管理する役割を担っていたスティーブ・ハドリー大統領補佐官（国家安全保障問題担当）や、ウイリアム・シュナイダー国防科学技術委員会委員長らの名前がありました。

ブッシュ政権発足から一年後の二〇〇二年一月九日、米国防総省は一九九四年以来となる「核態勢見直し報告（NPR）」を発表します。ここからは現在のNPRと区別するため、「ブッシュ版NPR」と呼びます。

この「ブッシュ版NPR」はまず、米国の核戦力の「明るい側面」として、「最低限の水準の核兵器による信頼できる抑止力」の維持を強調しました。その一方で、米国が冷戦時代の「脅威対応型」から「対応能力重視型」へと核戦力を変質させる必要があると主張しています。

具体策としては、陸・海・空の三軍に均等配備していた核戦力のバランスを見直し、地上配備のICBMである「ピースキーパー」や、B1戦略爆撃機などを退役させることで、実戦配備していた戦略核弾頭数をそれまでの六千発以上から千七百―二千二百発に削減する方針を示しています。

その二か月後、米シンクタンク「グローバル・セキュリティー」がインターネットを通じて「ブッシュ版NPR」の機密指定部分、言い換えれば「負の側面」を世の中に暴露しました。

それによると、「ブッシュ版NPR」は地下貫通型の核弾頭を「米軍が一種類しか保有していない」と問題視し、地中深くに建造されている潜在敵国の標的を攻撃できる「新しい能力」が必要だと強調していました。つまり、「ブッシュ版NPR」はNIPPが作成した報告書をほぼ、そのまま踏襲していたのです。

「ブッシュ版NPR」は米国が新しい小型核兵器を開発しなければならない理由として、世界七十カ国以上に一万を超える地下軍事施設があることを指摘しています。そのうちの千四百カ所以上が核兵器などの大量破壊兵器や弾道ミサイルを格納する、あるいは軍事行動を指揮する役割の施設になっており、それらを破壊するためには小型の核兵器が必要というわけです。この時、「ブッシュ版NPR」が「潜在的な攻撃対象」として想定していたのはロシア、中国、北朝鮮のほか、イラク、イラン、シリア、リビアと言われています。

この「ブッシュ版NPR」公表以降、ブッシュ政権はそれを基盤として、超大国による「力の論理」を全面に押し出した戦略を相次いで発表していきます。なかでも米国内外で大きな論争を呼んだのが、「唯一の超大国」として圧倒的な軍事力を維持しつつ、核など大量破壊兵器を持つ敵への先制攻撃も正当化した二〇〇二年九月の政策文書「米国の国家安全保障戦略」でした。

いわゆる「ブッシュ・ドクトリン」として後に世界に知られることになるこの考え方は、二〇〇一年九月十一日に米東海岸のニューヨークと首都・ワシントンDCを襲った米同時テロ以降、顕著になった「単独行動主義（Unilateralism）」と共にその独善性を一層強めていったブッシュ政権による安全保障政策の「集大成」と言えるものでした。

「米国は国際社会の支持を得るために努力を継続するが、必要とあれば、単独行動をためらわず、先制する形で自衛権を行使する」

政権発足からおよそ二年の歳月をかけて作り上げた「ブッシュ・ドクトリン」は米国内のみならず、全世界に大きな衝撃をもたらしました。米国から見た「脅威」を排除するためには先制攻撃も辞さないとする姿勢は、後にイラクのサダム・フセイン政権に対する軍事行動の「理論的土台」ともなったことはよく知られています。「我々は脅威が現実となる前に抑止し、防御しなければならない。米国はもはや、これまでのような単に受動的な態度に依存することはできない」

そんな主張を支柱とした「ブッシュ・ドクトリン」はこの後、ブッシュ政権が二〇〇二年十二月十日に発表する「大量破壊兵器と戦う国家戦略」で唱えた「大量破壊兵器による攻撃には核兵器による報復を辞さない」という立場と密接に融合していきます。この結果、世界の軍事関係者の間では「ブッシュ・ドクトリン＝核の先制使用も辞さない」という文脈で語られるようになるのです。

ここまで説明すればお気付きのように、現在のトランプ政権による核戦略、言い換えれば「トランプ版ＮＰＲ」は様々な面において「ブッシュ版ＮＰＲ」を少なからず踏襲しているのです。

ご参考までに、オバマ政権が二〇一〇年四月六日に発表した「オバマ版ＮＰＲ」では当然のことながら、ブッシュ・トランプ路線とは一八〇度、違う内容を指針としています。具体的には、オバマ大統領が提唱した「核なき世界」を推進する方針を明記したほか、核拡散防止条約（ＮＰＴ）を順守する非核保有国に対し「核兵器を使用しない」と宣言しています。

「オバマ版ＮＰＲ」は米同時テロを経て、核戦力を再重視する姿勢を明確にしたブッシュ路線を否定し、核の使用は核攻撃に対する報復攻撃など「極限の状況」に限定したほか、新しい核弾頭の開発や、核実験の実施も否定しています。

「核弾頭数を三分の一減らしても、米国や同盟国の安全を確保する強力な抑止力を維持できる」

二〇一三年六月十九日、オバマ大統領の姿はドイツ・ベルリン市の中心部にあるブランデンブルク門前にありました。この場で演説したオバマ大統領は、ロシアとの新戦略兵器削減条約（新ＳＴＡＲＴ）で定める配備済みの戦略核弾頭数を上限の一千五百五十発から更に三分の一減らして、一千発程度にする用意があると表明しました。これに合わせて、新ＳＴＡＲＴの対象外となっていた射程が短い戦術核の削減もロシア側に呼びかけました。

チェコのプラハ演説で「核なき世界」を訴えてから約四年が経ち、オバマ大統領は自身が指示して作成した「オバマ版ＮＰＲ」を踏み台として、ロシアと新しい核軍縮交渉を開始していく考えを打ち出したのです。その内容は第一章で紹介した通り、シュルツ、ペリーらの「四賢人」が「核なき世界」実現のために描いていた長期的なビジョンを正確に踏襲していました。

「核軍縮をしても同盟国等の安全を確保でき、抑止力を維持できると表明したことを心強く思う」

当時、外務大臣だった私は同じ日、緊急談話を発表し、このオバマ演説を歓迎する意向をこのような表現で内外に強く示しました。

北朝鮮や中国の核と向き合わなければならない日本の立場から見て、オバマ大統領が演説の中で核削減を目指しつつ、日本など「同盟国のため核を維持する」という現実主義（リアリズム）に即した内容を私は高く評価しました。だからこそ、「米国と緊密に意思疎通しながら、我が国とこの地域への日米同盟の抑止力を確保する」と応じ、かつ、こう締めくくったのです。

「今回の演説により、世界の核軍縮、不拡散の機運が高まることを強く期待する。核兵器のない世界に向けて国際的な取り組みを主導する」

しかし、ベルリンでの演説の途中、オバマ大統領自身が「いくら実現が困難でも、核なき世界こそ正義のある平和だ」と口にした通り、「核なき世界」の理想は現実の国際政治が作り出した「壁」に即座にぶつかりました。

まず、当時、米国とロシアは内戦状態が続いていたシリア問題でぎくしゃくした関係を続けていました。それだけでなく、先述したようにそもそもロシアにとって「虎の子」ともいえる戦術核兵器の削減に応じさせることは極めて難しい外交課題でした。実際、ロシア側は即座に「米国が欧州に配備している戦術核兵器の撤去が先決」とオバマ大統領をけん制しています。

さらにロシアのセルゲイ・リャブコフ外務次官（当時）は「ミサイル防衛（ＭＤ）分野の合意なしに、さらなる（戦略核弾頭の）軍縮の展望を協議するのは現実的でない」と注文を付けることを忘れませんでした。当時、ロシアはブッシュ前政権が打ち出した欧州でのミサイル防衛（ＭＤ）配備について、「ロシアの核抑止力を無力化しようとしている」と警戒心を露わにしていたのです。

このように様々な理由・思惑から、オバマ演説に対するロシア側の反応は極めて冷ややかでした。この年の九月に予定していたウラジーミル・プーチン大統領との首脳会談を見据え、「冷戦時代の核体制からの脱却を目指して、ロシアと削減交渉に取り組む」と意気込んでいたオバマ大統領に対して、ロシアは真っ向から冷や水を浴びせかけたと言っていいでしょう。

当然、その空気はその後の米ロ首脳会談の準備作業にも長い影を落とすことになりました。結局、この年の九月にロシア・モスクワで開催予定だった米ロ首脳会談は最終的に見送られることになってしまいます。

二〇一三年八月七日、米政府は九月にロシアのサンクトペテルブルクで開く二十カ国・地域（G20）首脳会議に併せて、モスクワで開催する予定だったオバマ大統領とロシアのプーチン大統領との首脳会談を見送る、と正式に発表しました。

この首脳会談では内戦が泥沼化しつつあったシリア情勢に加え、イランの核開発問題や、北朝鮮問題、さらに米国による欧州でのMD配備問題、米ロ間の戦略核弾頭の削減など多くの案件について、意見を交わす予定でした。

「首脳会談は意味をなさなくなった」

後にオバマ大統領の「広島演説」を下書きすることになるベン・ローズ米大統領副補佐官は見送り発表の際、首脳会談の中止について、AP通信のインタビューにこう述べ、不満を隠そうとはしませんでした。

この時、米ロ間で焦点となっていたのは米情報機関の活動を暴露した米中央情報局（CIA）元職員、エドワード・スノーデン容疑者の身柄引き渡し問題でした。スノーデン容疑者による一時的な亡命をロシア側が認めたことにオバマ政権は強く反発し、身柄引き渡しを求めたにもかかわらず、ロシア側はこれに応じなかったのです。

オバマ大統領自身、米NBCテレビのインタビューで「スノーデン問題」や首脳会談を巡るロシア側の対応について、こう批判しています。

「(私は) 失望した。(ロシアの態度は) 冷戦時代の思考だ……」

振り返ってみれば、米国を取り巻く世界の安全保障環境もブッシュ政権時代からオバマ政権時代と二十年の時を経て、トランプ政権時代には大きく変わりました。その最たる例が「使える核」を隠そうとしなくなったロシアの変貌であり、中国の急速な軍事大国化であり、北朝鮮による核保有なのです。

その過程において、米国の核戦略も三人の大統領がそれぞれの思惑で作成した「三つのNPR」によって、その都度、「上書き」や「書き換え」といった曲折、あるいは「変節」を余儀なくされたのです。

三つのNPRの中で敢えて、「ブッシュ版NPR」と「トランプ版NPR」の違いを見つけるとすれば、まだ米国が「唯一の超大国」と見なされていた「ブッシュ版NPR」が小型の核兵器をイラクなど「ならず者国家」に対して「限定的に使用」することを企図したのに対して、「トランプ版NPR」では北朝鮮に加え、ロシアや中国などにも効果的な核抑止力を発揮するために小型の核兵器を開発、配備しようとしていることでしょう。

冷戦時代、圧倒的な核戦力を背景とする「大量報復戦略」を基盤としたICBMなど大型の核兵器は一方で、使用すれば放射性物質の拡散など世界的な規模の被害が伴い、それは自国民の安全をも脅かす「もろ刃の剣」の性格も帯びています。そのため、ロシアの軍事専門家などの間では「米国の核戦力の大半は古びた時代のものであり、現代では実際に使えない」と見透かす空気もありました。

実戦で「使えない」とみなされれば、どれだけ強力な核兵器を保有していても、それは「張り子の虎」に過ぎず、有効な抑止力も発揮できません。このため、オバマ時代には息をひそめていた米国内の「防衛タカ派」は、トランプ時代になって「実戦使用」が可能な小型核兵器の開発を強く後押ししたのでしょう。不透明感の増す現代の国際社会において、「核抑止力」を強化するためには、小型核兵器を誇示することが必要との論陣を張り、トランプ大統領を説得した可能性は極めて高いと思われます。

これに乗ったであろう、トランプ大統領は自ら発表したNPRに合わせた声明の中で「米国はこの十年間で核の保有数や役割を減らした。他の核保有国は備蓄を増やし、他国を脅かす新兵器を開発した」と繰り返し、ロシアや、中国、北朝鮮を強くけん制しています。

具体的には、ロシアについて「核の脅しや先制使用によって自国に有利な形で紛争を収められると誤認している」と指摘し、「使える核」を使った軍事ドクトリンを痛烈に批判しています。返す刀で、中国についても「新たな核能力を獲得し、西太平洋での米国の利益に挑戦しようとしている」と不快感を示しました。さらに、北朝鮮に対しては「あからさまに核使用の意思を示して、米国を脅している」と非難したのです。

トランプ大統領はこの前年（二〇一七年）の十二月に発表した「国家安全保障戦略」でも「強国同士の競争が再来している」と指摘し、米国の危機感を隠そうとはしませんでした。

これに関連して、米国防総省はロシアが大陸間の「海中」を進んで米沿岸部を攻撃できる核魚雷や、ＩＮＦ全廃条約に基づいて廃棄するはずの中距離核ミサイルの開発を秘密裏に進めている、と指摘しています。トランプ政権はこれまで表に出してこなかった「影の実態」を敢えて公表することで、自らの政策転換の正当性を強調したのです。

ロシアだけでなく、米国までもが「使える核」に手を伸ばした事実は人類にとって、とても大きな意味を持っています。それは先の大戦末期、米国が広島・長崎に相次いで原子爆弾を投下して以来、長い間、人類が踏み越えることのなかった「核のハードル」が着実に下がっていることを物語っているからです。

新ＮＰＲの公表直前、米科学誌「原子力科学者会報」は「地球最後の日」までの残り時間を象徴する「世界終末時計」をその前年から三十秒進め、それまでは最短の「二分」としました。

これは米国とソビエト連邦が共に水爆実験に成功し、核戦争の脅威が高まった一九五三年と並ぶ過去最短記録でした（注：二〇二〇年の時点ではさらに短くなり、百秒となっています）。その主な理由として同誌が挙げたのはロシア、中国、そして米国など主要各国の核戦力の強化だけでなく、「トランプ氏の予測不可能性」でした。

そのトランプ大統領は自ら手掛けた新ＮＰＲを公表する二日前の二〇一八年一月三十日、米議会での一般教書演説でこう述べています。

「世界各国が一緒に核を廃絶する魔法のような瞬間がいつか訪れるかもしれないが、残念なことに今はそのような段階ではない……」

第四章

核の傘と非核三原則

第三章で取り上げた「核兵器のない世界」を実現する上での「不都合な真実」の数々は、唯一の被爆国として「日本が核保有国と非核保有国の『橋渡し役』になるべきだ」と説いている私にとっても非常に悩ましい問題です。はっきり申し上げれば、いずれの問題についても一朝一夕で答えを見出せるものではないと思います。おそらく、オバマ米大統領がチェコ・プラハでの演説で述べたように、私の生きている間に全て解決できるものではないでしょう。

それだけでなく、日本自身もまた、「核兵器のない世界」に向けて、クリアしていかなければならない様々な難問を抱えています。例えば、北朝鮮、中国、そして、ロシアといった「核信奉国」に取り囲まれているという現状に照らせば、米国が日米安全保障条約に基づいて提供している「拡大抑止力」、言い換えれば「核の傘」の取り扱いは極めて高度、かつ、デリケートな政治案件なのです。

日本が国是としている「非核三原則（持たない、作らない、持ち込まない）」との兼ね合いも含め、「核兵器のない世界」に向けて、日本は理想と現実の狭間にある「細く、長い道」をこれからも歩んでいかなければならないと私は覚悟しています。

この章では主として、その「核の傘」と「非核三原則」を巡る日本の葛藤を中心に論じることで、「核兵器のない世界」を目指す現在の日本の立ち位置を改めて確認してみたいと思います。

核の先制不使用

「先制不使用についてのやり取りは全くなかった。どうしてこんな報道になるのかわからない」

二〇一六年八月二十日、ブラジル・リオデジャネイロで開催されていたオリンピックの閉会式に出発する直前、羽田空港で記者団を前に憮然とした表情で語気を強めたのは安倍晋三首相でした。

この五日前、米ワシントン・ポスト紙は当時のバラク・オバマ大統領が内々に検討していた核兵器の「先制不使用宣言」を巡って、安倍首相が日米同盟の「守護神」でもある米太平洋軍のハリー・ハリス司令官（現・駐韓米大使）に「反対の意向を伝えた」と報じていました。

確かに、安倍首相はこの年の七月二十六日に首相官邸でハリス司令官と面会していたのですが、同紙によれば、安倍首相はこの会談で「北朝鮮などに対する抑止力が弱体化し、紛争の危険が増大する」と指摘した、とされています。同時に、韓国や英国、フランスなどからも異論を唱える声が続出したと同紙は報じています。

この報道に対して、安倍首相は強い口調で真っ向から反論しました。同時に、安倍首相は「オバマ大統領と広島を訪問し、核なき世界に向けて強いメッセージと決意を表明した」と述べ、表向きには「核の先制不使用」を歓迎するかのような言葉も発しています。

その一方で、安倍首相はこうも述べています。

「先制不使用について米側はまだ何の決定も行っていない。今後とも米国政府と緊密に意思疎通を図っていきたい……」

ここで少し、「核の先制不使用」という概念についておさらいしておきましょう。とても単純化すれば、その意味するところは「いかなる状況下においても、敵国から核攻撃を受けない限り、核兵器は使用しない」ということです。

それとは逆の言葉遣いである「核の先制使用」とは、通常兵器による攻撃に対しても核兵器で反撃する選択肢を維持すること、となります。そして、これこそが自国や同盟国への攻撃を敵国に思いとどまらせるための「核抑止力」となるのです。このため、米国やロシアは冷戦時代から「必要なら核兵器を先制使用する」という姿勢を崩してきませんでした。

元防衛研究所の研究部長として核戦略を長年研究し、現在は立命館アジア太平洋大学の客員教授である小川伸一は「核の先制不使用に関する議論の経緯と課題」という論考の中で、「核の先制不使用」について専門的な見地から次のように記しています。

《核の「先制使用（first use）」とは、核兵器以外の手段で武力攻撃を加えてきた敵対国に対し、先んじて核兵器を使用することを意味する。他方、核の「先制不使用（no first use)」とは、核兵器を相手より先に使用することはないが、相手の核使用に対しては報復使用の選択肢を留保するというものである。冷戦時代にあっては、核の先制使用とは、通常、武力紛争中、敵対国よりも先に核兵器を使用すること、すなわち「先行」使用を指していた。核兵器を用いて戦端を開くことも語義的には核兵器の先制使用の範疇に入るが、こうした核兵器を用いた先制核攻撃と武力紛争中の核の先制使用は区別されなければならない》

これに関連して、米ハーバード大学のジョセフ・ナイ特別功労教授（元国防次官補）は共著「日米同盟VS.中国・北朝鮮」（文春新書）の中で、核兵器の先制使用について

「(攻撃の対象が）核サイロ（収納庫）であれ、ミサイルそのものであれ、我々は必ず破壊できるように一か所に対して二発の核爆弾を使います」と指摘しています。ナイによれば、現在でも米国は数千発規模の核弾頭を保有しているため、それは実行可能な戦略となります。それをナイは「二対一（Two to One）の原則」と呼んでいます。

因みに、中国は長年、「核の先制不使用」を宣言してきました。その背景には米ロ両国に比べ、まだ保有核弾頭数が一桁は違う中国にとって、この「二対一の原則」を徹底できないからだ、とナイは分析しています。ただ、核戦力を急速に増強している中国が最近になって、この「核の先制不使用」政策を変更しつつあることはすでに第三章でも触れている通りです。

同じく、インドも「先制不使用」を表明していますが、その基本的な理由は中国と大差はないと思われます。インドの場合、隣国・パキスタンとの核軍拡競争を防止するための意味合いも含まれているかもしれません。

同じ本の中で、ナイと共に米国の対日政策の大御所として知られるリチャード・アーミテージ元国務副長官は「核の先制不使用（No First Use)」と「核の非先制攻撃（No First Strike)」という言葉の「使い分け」の重要性も指摘しています。

アーミテージによれば、「核の非先制攻撃」とは、自らが先に核兵器の「引き金」を引くことはしないが、仮に敵国が核ミサイルを自国に対して発射した場合、そのミサイルが自国や同盟国に着弾する前に、核による報復攻撃を相手側に先んじて加える――ということです。西部劇の一シーンでよくある、ガンマン同士の早撃ちの決闘を思い浮かべれば、イメージしやすいかもしれません。

この違いについて、アーミテージは冷戦時代の頃の話として「旧ソ連が（核を）先制使用したとしても、我々の方が先に彼らを吹き飛ばすことができた」と端的に表現しています。その上で、アーミテージはこの両者（先制不使用と非先制攻撃）について「この言葉づかいには（米国は）細心の注意を払っている」と強調し、「この言葉づかいの違いは（日本などで）あまり理解されていません」とも指摘しています。

このナイとアーミテージの言葉を敷衍すれば、米国は冷戦時代から今にいたるまで「一対一の原則」維持と「核の非先制攻撃」について圧倒的な自信を堅持してきたと言えます。それゆえ、米国は実質的には「核の先制不使用」を実践している、あるいは「核の先制使用」に固執していない――と解釈することもできなくはありません。前出の小川教授もその論考の中でこう指摘しています。

《先制核攻撃のもう一つの形態として「ファースト・ストライク（first strike）」と呼称

されるものがある。これは、先制核攻撃で敵対国の戦略核戦力に報復能力が残存しないほどの壊滅的損害を与える核攻撃で、「武装解除的ファースト・ストライク（disarming first strike）」と称されることもある。このように核の先制使用には様々な形態があるが、核使用をめぐる政治・道義的障壁を考慮するならば、武装解除的ファースト・ストライクは勿論のこと、差し迫った軍事的脅威に直面した場合であっても核兵器による先制攻撃で戦端を開く蓋然性は極めて低い》

しかし、そうした「解釈」が日米双方の専門家の間で半ば常識化していることと、実際に軍事ドクトリンとして「核の先制不使用」を米軍の最高司令官でもある大統領自らが宣言することには、実に大きな違いがあります。

何故ならば、前述してきたように、「核抑止力」、あるいは「核の傘」と呼ばれるものは極めて心理的な要素が大きいからです。仮に、米国だけでなく、日本などの同盟国もナイやアーミテージが指摘しているような点を正確に理解していたとしても、中国や北朝鮮、ロシアなど近隣の核保有国にその「真意」が伝わっていなければ、元も子もありません。そうした環境の中で降って湧いたように飛び出してきたのが、オバマ大統領が「電撃的な核政策転換を検討している」という情報だったのです。

この騒動の発端は二〇一六年七月十一日、米ワシントン・ポスト紙の記事でした。同紙はこの日の記事でオバマ政権が核兵器の「先制不使用宣言」を含む大幅な核戦略の見直しを検討している、と報じました。それによれば、オバマ大統領はこの政策見直しとあわせて、核実験の禁止を定める国連安全保障理事会決議の採択や、ロシアとの新戦略兵器削減条約（新ＳＴＡＲＴ）の期限延長なども検討していたと同紙は指摘しています。

いずれの政策も当時、関係が悪化していた米議会による承認は必要なく、大統領権限の範囲内で決定できるとオバマ大統領は判断していたようです。背景には、プラハ演説で示した「核兵器のない世界」について、目に見える形で「レガシー（政治的遺産）」を残したいという、オバマ大統領自身の強い思い入れがある、と同紙は分析していました。

ところが、それから二か月余の二〇一六年九月六日、今度はライバル紙の米ニューヨーク・タイムズ紙が複数のオバマ政権高官の話として、「オバマ米大統領が、自ら検討していたとされる核兵器の先制不使用政策を取りやめる模様だ」と伝えました。

同紙によれば、アシュトン・カーター国防長官（当時）だけでなく、広島を訪問したジョン・ケリー国務長官（同）ら政権の重鎮からも「核の『先制不使用政策』は日本や、韓国などとの同盟関係を損ねる」という反対意見が相次いだようです。北朝鮮の核開発ですでに問われている「核の傘」の信頼性をさらに低めることになりかねないという懸念が、政権内の「反対論」を裏付ける主たる理由だった、と同紙は指摘しています。

さらに、この宣言によって核傾斜を強める中国や、ロシアを勢いづかせる恐れがあるほか、北朝鮮に対しても「米国の弱さ」を示すメッセージを送ることになるという観点から、カーター長官はオバマ大統領に再考を促した模様です。

もちろん、オバマ大統領による、この大胆な考え方に賛同する声も世界には多数、ありました。

例えば、第一章でも紹介した核廃絶の道筋を探る「賢人会議」の共同議長を務めた日本の川口順子元外相とオーストラリアのエバンズ元外相などアジア・太平洋地域の元閣僚クラスや、軍部幹部ら総勢四十人は、米国による「核の先制不使用」政策に賛意を示し、日本を含むアジア・太平洋地域の米国の同盟国に対しても支持を求める声明を連名で発表しています。

このほか、目を引くところでは二〇二〇年の米大統領選挙で台風の目となったバーニー・サンダース上院議員が他の同僚議員と共にオバマ大統領に書簡を送り、「核の先制不使用」政策の採用を含めた、核政策の全般的な見直しを求めています。

しかし、結論から申し上げれば、オバマ大統領は国内外からの強い反発を招いた、この構想を断念せざるを得ない状況に追い込まれました。当時の朝日新聞の報道（二〇一六年九月八日付け）によれば、広島でのオバマ演説を下書きしたベン・ローズ大統領副補佐官はこんな表現で、この論争に関する「終息宣言」を言外に発信しています。

「我が国の（同盟国に対する）安全保障は岩のように堅固で、今後もその方針をとり続ける」

「核の傘」を巡る葛藤

北朝鮮や中国、そしてロシアが示す「核兵器」への執着心を見れば、米国が差し出す「核の傘」を今すぐ「要らない」とはなかなか言えない。かといって、広島・長崎での惨劇を二度と繰り返してはならないという被爆国・日本の国民感情に照らせば、いずれはどこかの時点で「核の傘」との付き合い方も考えなければならない――。

核の先制不使用について、安倍首相が図らずも身をもって示した、日本の葛藤を敢えて文字にすれば、そのようになるのかもしれません。

オバマ大統領が一時は考えたとされる「核の先制不使用」は「核兵器のない世界」を後押しする意味で貴重な一歩ではありますが、一方で「核の傘」の強度を弱めかねない側面もあるからです。それだけ、「核の傘」の是非については戦後・日本が心と頭を痛め続け、今も悩み続けているのです。

安全保障政策における専門用語では「拡大抑止力（Extended Deterrence)」、一般には「核の傘（Nuclear Umbrella)」と呼ばれる核政策の根幹は、米国など核保有国が日本など同盟関係にある非核保有国に対して、「有事の場合に提供する」と約束している抑止力のことを指します。

言い換えれば、米国は自らだけでなく、同盟・友邦国を第三国の威嚇、あるいは攻撃された場合、自らの核で「報復することを辞さない」という姿勢を常に内外に示すことで同盟国への攻撃を抑え止めるわけです。

一九六〇年代、核開発で先陣を切ったソビエト連邦（現・ロシア）や米国に続いて、フランスや中国が相次いで核保有に走る中、広島・長崎での悲惨な被爆体験を持つ日本はそうした潮流に背を向けて、自主核武装を断念しました。

その後、一九六七年十二月に安倍首相の大叔父にあたる、当時の佐藤栄作首相が衆院予算委員会で核兵器について「持たず、作らず、持ち込まず」と表明し、一九七一年十一月の沖縄返還協定に連動する格好で衆院本会議はこの「非核三原則」の順守を盛り込んだ決議を採択しています。

以来、日本はこの「非核三原則」を国是として掲げながら、一方で冷戦時代には旧ソ連、冷戦後は中国や北朝鮮による核の脅威に備えるため、米国が提供する「核の傘」に依存するという国家戦略を貫いてきました。自分で核は持たない代わりに同盟国である米国の核を後ろ盾にして自分の身を守る——という考え方と言えるでしょう。

とはいえ、「核の傘」を巡る日米間の合意はその頃、極めてあいまいであり、不透明でもありました。

実際、一九六〇年に両国が調印した改定版の「日米安全保障条約」では米国が日本に対して、その防衛義務を負っていることを明記してはいますが、「核の傘」には触れていません。そして、米国が「その核戦力をもって日本を守る」という合意が両国間で正式に成立したのは、それから五年近くも経った一九六五年一月十二日のことでした。

「日本が核抑止を必要とするなら、米国はそれを提供する」

この日、米国の首都・ワシントンDCにあるホワイトハウスで行われた日米首脳会談で、リンドン・ジョンソン大統領がそう明言すると、向かい合っていた佐藤栄作首相は「それを聞きたいと思っていた」と即座に応じました。その瞬間、南は九州・沖縄から北は北海道まで日本列島全てを包み込む大きな「核の傘」が私たちの頭の上で開くことになったのです。

この二か月前、中国は初の地下核実験に成功し、世界で五番目の核保有国として名乗りを挙げたばかりでした。こうした国際情勢を背景に訪米直前の一九六四年十二月、佐藤は当時の駐日米大使、エドウィン・ライシャワー博士と二時間にわたって会談した際、こう述べています。

「他の人が核を持てば、自分も持つのは常識だ」

前述したように、後に「非核三原則」を提唱し、これをもってノーベル平和賞まで受賞する佐藤はこの頃、実は水面下で自主核武装が可能かどうかを密かに国内で研究させていました。実兄である岸信介譲りの保守・反共思想に基づき、日本の更なる「自立」を目指そうとしていた佐藤にとって、「核」は一時、その強力な「推進剤」になると映っていたのかもしれません。

しかし、佐藤は結局、ジョンソンとの会談で、日本への防衛協力というよりも日本の核武装を阻止することに主眼を置いていた米国による「核の傘」の提供を素直に受け入れています。

その動機については諸説ありますが、広島・長崎での被爆体験を持つ日本の国民感情がそう簡単に「自主核武装」を受け入れることはない、という冷静な政治判断があったことは間違いないでしょう。

実際、米民間研究機関、ナショナル・セキュリティー・アーカイブ（NSA）が入手した機密解除済みの米政府公文書などによると、佐藤はライシャワーと会談した際、日本国民が当時は「まだ、『自主核武装』に対する心の準備ができていない」との見方を示しています。その一方で、佐藤は「将来の世代」が核武装を選択する可能性もあるという含みも持たせながら、こうも述べています。

「一般に考えられているより、核はかなり安上がりで、日本の科学・産業は十分作れるレベルにある」

この時、佐藤が核問題で図らずも見せた「二つの顔」が後に、「非核三原則」と「核の傘」の狭間で揺れる日本を知らず知らずのうちに核を巡る「迷路」へと誘い込んでいくことになるのです。

密約外交の功罪

「イントロダクション、イントロダクション、イントロダクション……」

佐藤栄作がまだ、総理大臣になる前の一九六三年春、私の敬愛する大先輩、大平正芳は当時、人目を気にしながら、気が付けばこう呟いていたそうです。

中央大学の服部龍二教授による名著「大平正芳　理念と外交（増補版）」によれば、池田勇人内閣の外務大臣となって以来、大平が最も頭を悩ませていたのは、日本と米国の間で交わされた日本への核兵器持ち込みに関する「密約」の問題でした。

いわゆる「日米核密約」とは一九六〇年一月六日、当時の藤山愛一郎外相とダグラス・マッカーサー二世駐日米大使が日米安全保障条約改定に合わせて署名した「討議記録」のことを指します。この中で、日米両国は核兵器を搭載した潜水艦や空母など米軍艦船による日本への寄港や日本領海の通過について、日米政府間で「事前協議」が必要とされている「核持ち込み」にはあたらないと確認している、とされていました。

それが事実だとすれば、後に佐藤栄作首相がノーベル平和賞を受賞した理由となった「非核三原則」にも抵触しかねません。もちろん、当時はまだ、「非核三原則」という国是は定まっていませんでしたが、広島・長崎の惨禍を経て、日本国民が抱いていた核に対するネガティブな感情を考えれば、日本政府が水面下で米核戦力を日本に「持ち込む」ことを黙認していたことは国民の目を欺くことであり、それだけで大きな政治スキャンダルにもなり得る重大事でした。

「政治の実態について国民に秘密を持つというのは、そもそもだめだという考えでした。国民の了解のもとに政治をやるのが当たり前という信念でした」

服部教授によれば、大平の娘婿で秘書官でもあった衆議院議員の森田一は当時の大平の心境をそう回想しています。つまり、大平は日本防衛のための「現実（核持ち込み）」と「理想（国民レベルでの反核感情）」の間に狭まれ、その二つの折り合いをつけることにとても「苦悩」していたのです。

ここで問題の焦点を整理するため、時計の針を日米安保改定時、つまり、一九六〇年に一度戻します。

繰り返しになりますが、日米同盟体制における「事前協議」とは、日本を含む極東で有事が発生した場合、在日米軍が日本国内で装備や施設等に重大な変更を加える際、あるいは日本を軍事拠点とする作戦行動について、米国が日本と事前に協議する制度のことを指します。

第二章で説明した通り、「事前協議」は岸信介内閣の下、一九六〇年に行われた日米安全保障条約の改定時、まずは藤山・マッカーサー間で署名され、最終的には岸首相と当時のクリスチャン・ハーター米国務長官による交換公文に盛り込まれました。そこには「米軍の日本への配置、装備の重要な変更、日本からの戦闘作戦について、米国は日本と事前に協議する」と書かれていました。

この文書に藤山外相とマッカーサー大使が署名する際、将来に禍根を残す問題が生じていました。つまり、核兵器を搭載した米艦船・航空機が日本に立ち寄る、あるいは領海を通過する場合、そのことを「装備における重要な変更」と認め、事前協議の対象とするかどうか——という点について、当時の日米両国政府はそれぞれ独自の解釈を行い、その「認識ギャップ」をあいまいなままにしてしまったのです。

この時、米側は一時的な寄港や、領海通過などは「事前協議の対象ではない」と解釈し、日本側は後に定める「非核三原則」における三番目の項目である「核を日本に持ち込ませない」という観点から、これを容認できないという立場を堅持していました。

最終的な妥協策として、日本は「事前協議がない限り、米国は核兵器を日本に持ち込んでいない」という独自の「虚構」を創り上げ、その上で「暗黙の了解」を米側に与えていた、というのが今では日米関係に詳しい両国の専門家の間では通説となっています。

「核弾頭を持った船は、日本に寄港はしてもらわないということを常に言っております」

一九六三年三月、国会でこう発言したのは時の宰相にして宏池会の創始者、池田勇人です。この「池田発言」に米側は大いに慌てました。米側は日米間の密約である藤山・マッカーサー間の「討議記録」にある『「事前協議」は現行の手続きに影響を与えるものとは解されない』という文言によって、核搭載艦船の寄港は事前協議の「対象外」になっているという解釈を続けていたからです。

この事態を打開するため、本国政府からの訓令を受けて池田内閣の外務大臣だった大平正芳に面会を求めたのは、米国屈指の知日家としても著名だったエドウィン・ライシャワー駐日米大使でした。

同じ年の四月四日、ライシャワー大使は密かに大平を自らの大使公邸に招き、朝食を取りながら、「事前協議」問題について意見交換に臨みます。大使が同日付けで国務省に宛てた電報によると、ライシャワー大使は「大平外相は『討議記録』の存在も解釈も知らなかった」と指摘した上で、自分が「核持ち込み（イントロダクション）」に「核積載艦艇の寄港は含まれない」と説明すると、大平は「日本はこれまで、この言葉をこのような限定された意味で使ったことはなかったが、今後はそうする」と応じた、とされています。

一九九九年八月一日付の朝日新聞によれば、この大平・ライシャワー会談で、米側が「核兵器を搭載した米艦船の日本への寄港や通過は、事前協議の対象外」と改めて確認していたようです。二人の会話内容を踏まえ、ライシャワー大使が当時の上司であるディーン・ラスク国務長官に報告文書を作成、その文書が米国立公文書館で見つかった、と朝日新聞は報じています。

この文書によれば、大平との会談の中で、ライシャワー大使は一九六〇年一月の核搭載艦船の日本寄港に関する日米の「秘密合意」に基づき、核兵器を「持ち込む」とは「日本領土への配備・貯蔵」との解釈を提示しました。これに対して、大平外相も同意したとされています。

ライシャワー大使は席上、「(日本に)事前協議なしに核兵器を持ち込む(イントロデュース)ことをしないし、持ち込んだこともない」と説明する一方で、「イントロデュース」の意味については「日本の領土への配備・貯蔵」を意味するものであり、日本語の「持ち込む」はこれにあたる、との解釈を開陳し、大平に理解を求めたということです。

その説明を受けて、大平は「核搭載艦の日本への寄港・通過は(イントロデュースに)含まれない」と確認したとされています。

二〇〇〇年八月三十日付の朝日新聞によれば、ライシャワー駐日米大使は大平と面会した一九六三年四月四日、ディーン・ラスク国務長官宛てに以下のような公電(要旨)

を送っています。

《私は四月四日、人目を避けるため大使公邸での朝食会で大平正芳外相と会い、大平氏との間で秘密の「討議記録」の解釈に関し、現行の米国側説明の線に沿って完全な相互理解に達した（米国の解釈と秘密記録の存在自体、いずれも大平氏にとっては明らかにニュースだった）。

米国が「イントロデュース（持ち込み）」という言葉に固執している意味をはっきり説明し、それは日本の領土上に配置したり設置したりすることを意味すると説明した。大平氏は、日本はこれまでこの言葉をこのような限定された意味で使ったことはなかったが、今後はそうすると述べた。（中略）

大平氏の反応はすばらしかった。彼は、米国が「イントロデュース」という言葉であらわそうとした意味を、自分が（そして多分、池田勇人首相も）理解していなかったことを認めた。しかし、それが明らかになったことにショックを受けている様子を見せなかった》

一九七四年七月、この時、すでに盟友・田中角栄の内閣で大蔵大臣となっていた大平はなお、この「密約外交」の存在に固執していました。服部教授の著作「大平正芳　理念と外交」によれば、この年の十月、大平は木村俊夫外務大臣がアフリカ外遊に出かけたことを受けて外相臨時代理になると、外務省の幹部を即座に都内のホテルに招集し、「核密約」について世間に公表できないか、極秘裏に検討させています。

当時、田中首相はいわゆる「金脈問題」で政権運営に行き詰まりを見せており、その内閣はすでに「死に体」となっていました。それを逆手にとって、大平は田中との盟友関係を盾に「核密約」の公表を田中に提案し、田中からも内々に言質を取り付けていた、と服部教授は記述しています。

服部教授によれば、その年の十一月に予定されていたジェラルド・フォード米大統領の来日に合わせて、電撃的な「密約公表」のシナリオを大平は練り上げていました。しかし、最後の局面で大平は田中に梯子を外されてしまいます。自らの再登板を信じて止まなかった田中は土壇場で大平との約束を顧みず、「核密約」には一切触れないまま、十一月二十六日に辞意を表明してしまうのです。

それでも大平はまだ、諦めてはいませんでした。二〇〇九年十月二十二日付の朝日新聞によれば、一九八〇年春、すでに総理大臣となっていた大平は核兵器を積んだ米艦船の日本寄港を公に認め、日米間の「核密約」を解消することを密かに目指していたのです。

この当時、首相秘書官だった森田一と官房副長官だった加藤紘一に朝日新聞が聞き取り取材した結果によれば、そのあらましは以下のようになります。

選挙期間中に無念の死を遂げた大平はその約二か月前、首相官邸の執務室に側近だった伊東正義官房長官、加藤、森田を密かに呼び集め、こう尋ねました。

「例の核搭載の船の寄港の件は、もう国民にわかってもらえるようにならないか……」

それに対して、まず伊東が「でも、それはこの時点では……」と難色を示すと森田も「それは無理です」と続けました。最後は加藤も「そうですね、今は……」と相槌を打ちました。この秘密会合の最中、大平は「(実行に移すのが)難しいから、君らに聞いているんだ」と漏らしたそうですが、その後は死去するまでこの問題を話題にすることはなかったそうです。

以来、核密約は再び、国民の目に触れないまま、永い眠りにつくことになります。結果、大平は核密約と非核三原則という「現実」と「理想」のギャップに最期まで悩み続けることになりました。日米間の核密約の全容が国民の目の前で明らかにされるのは、大平の逝去から三十年の歳月を経た二〇一〇年春のことです。そのことについては後ほど、また詳しく触れたいと思います。

「日本核武装論」の虚実

前述した通り、一九六五年の一月に行われた日本の佐藤栄作首相とリンドン・ジョンソン米大統領との日米首脳会談以来、米国は名実共に日本に対して「核の傘」を提供し続けています。

当時、日米両国が発表した共同声明には「大統領は、米国が外部からのいかなる武力攻撃に対しても日本を防衛するという安保条約に基づく誓約を順守する決意であることを再確認する」という表現があります。

つまり、この部分が「核の傘」を意味しているわけです。広島・長崎のトラウマが根強かった日本の国民感情を考慮して、佐藤は「核」という言葉の使用を敢えて意識的に避け、あいまいな表現にとどめたと言われています。

その後、日本は核拡散防止条約（ＮＰＴ）への加盟を決め、国際法上の観点からも「非核路線」を公式に歩むことになります。すると米国はさらに一歩踏み込み、「核」という言葉を日本防衛の手段として盛り込むようになっていきました。

例えば一九七五年八月、ジェラルド・フォード米大統領は三木武夫首相と会談後の共同新聞発表で「核兵力であれ通常兵力であれ、日本への武力攻撃があった場合、米国は日本を防衛するという相互協力及び安全保障条約に基づく誓約を引き続き守る旨確言した」と明言しています。

さらに冷戦後の一九九三年七月、ビル・クリントン大統領が宮澤喜一首相と会談した後、共同記者会見で「我々が核及び、防衛問題で日本に与えてきた安全保障上の約束は、これまで同様強固であり、今後もそうである」と述べ、「核の傘」が冷戦後も機能していることを言外に匂わせたこともありました。

このような紆余曲折を経て成立した日米間の「核の傘」を巡る合意は、結果的に日米双方に微妙な「心理的ギャップ」を生み出すことになりました。

つまり、米国は心中、「日本がいつか核の傘を捨てて、自主核武装に走るのではないか」という疑念を抱え続け、日本では中国の核戦力増強や、北朝鮮による核開発計画など安全保障環境の変化に際して「米国はその言葉通りに核の傘で日本を守らないのではないか」という不信感を拭えないでいるのです。

ここからは「核がなくならない7つの理由」（春原剛著、新潮新書）を参考にしながら、米側の「疑念」の深さを象徴するエピソードとして、オバマ大統領が「核なき世界」に向けてアドバイスを求めた「四賢人」が揃って「日本核武装論」を一時、展開していたことを紹介しましょう。

例えば、ヘンリー・キッシンジャー元米国務長官は、北朝鮮が核実験を断行した後の二〇〇九年五月に登場した米CNNテレビの番組で「もし、中国が（北朝鮮の核開発を阻止するために）何もしなければ、韓国と日本が核兵器を持ち、さらに核武装した〝狂気〟の支配体制（北朝鮮のこと）と国境を接するアジアで中国はやっていくことになろう」と述べています。

ウイリアム・ペリー元国防長官も一九九四年の北朝鮮核危機の際、米議会での証言で「もし、日本、韓国、台湾が北朝鮮を核保有国と見なしたならば、彼らがそれぞれ核保有国になりたがる可能性がある」と述べた上で「我々の目前には非常に危険な核拡散がある」と警告しています。

この頃、米議会・国防族のドンだったサム・ナン元上院議員に至っては「日本はすぐにも核兵器を開発できる」と指摘し、日本の非核政策を「一時的なもの」とまで言い切っています。

広島・長崎での悲惨な経験を背景に「絶対、核は持たない」という国民感情が日本にはあるにもかかわらず、何故、米国はいつまでの「日本核武装」の疑念を払拭できないのでしょうか。これに関連して「日本核武装論」を米国の有識者が唱える理論的根拠について、春原はその著書の中で四つの見方を紹介しています。

それによれば第一の根拠は、北朝鮮が核兵器を開発・保有すれば、北東アジアでの軍事勢力バランスが崩れ、これを是正するために日本が核武装に政策転向するという考え方です。いわゆる「核のドミノ現象」と呼ばれる見方で、ペリーらはこの立場を取っています。

第二の根拠は、核兵器を含め、急速に軍備近代化を進める中国への抑止力として、日本が核保有に走るという見方です。国際政治を語る上で常套手段となっている「バランス・オブ・パワー（勢力均衡）」論によって立つ考え方で、ニクソン政権で電撃的な米中和解劇を演出した米国切っての戦略家、キッシンジャーがこの代表格と言えます。

第三の根拠は、第二次大戦以降、長い間、「敗戦国」として憂き目にあってきた日本が戦後、経済力を武器に再び、「大国」としての仲間入りを果たすには核保有国となるのが「近道」であると考えている、という見方です。

この点については、オバマ政権でアジア政策を統括したカート・キャンベル元国務次官補（東アジア・太平洋担当）が「核を持たない限り、日本は国際社会で二級国家として扱われるという不満を持ち続けるのではないか」と分析したことがある、と春原は紹介しています。

第四の根拠は、北朝鮮の核保有を真剣に阻止しない中国をけん制するため、あえて日本による核保有に言及する「日本カード」の論法です。先述したキッシンジャーの論法もこれに由来するものです。この「理論」についてはブッシュ前米大統領も在職中、「日本が核に関する自らの立場を『再検討している』という発言に対する、(中国の)懸念を知っている」と指摘し、中国に対して「日本カード」をちらつかせたこともあります。

春原によれば、核武装・北朝鮮や中国人民解放軍の軍備近代化などに直面している日本が二十一世紀の「生き残り策」として核保有を考えることは、米国流の安全保障論に立てば、ある意味、「当然のこと」(ペリー)とも言えるそうです。先述したように、ペリーらが「核なき世界」の実現には日本など同盟・友好国への核抑止力堅持が欠かせない、とオバマ大統領に進言した背景には、こうした「核の傘」を巡る日本の心情に関する、彼らなりの深い分析と洞察もあったのでしょう。


では、もう一方の当事者である日本はどうでしょうか。国内の保守派の間ではなお、根強い「核の傘」への不信感を裏付ける考え方の一つに「中国が東京に核爆弾を落としたとして、米国がただちに北京に核報復攻撃を仕掛けるだろうか」という疑念があります。

北朝鮮のように核爆弾も数十発程度しか保有せず、大陸間弾道ミサイル(ＩＣＢＭ)

の精度も低いと見られる「核小国」の場合、米国による日本への「核の傘」は依然として有効に機能すると言われています。仮に、日本に核攻撃を仕掛けても米国による核報復攻撃によって壊滅的な打撃を受け、それによって北朝鮮が米国に対して核攻撃を試みる余力は残らないと見られるからです。

しかし、すでに高性能の核爆弾を数百発規模で保有し、陸海双方で弾道ミサイルなど運搬手段も充実させている中国の場合、話は全く違ってきます。

この点について、春原は著書の中で、今から数年前、米戦略国際問題研究所（CSIS）が主催した日米同盟に関するセミナーで、パネリストの一人だったジョセフ・ナイ元国防次官補（国際安全保障問題担当）が行った会場とのやりとりを紹介しています。

「日本への核攻撃を受けて、西海岸の大都市であるロサンゼルスが中国による核の第二撃によって壊滅させられるリスクを負ってまで、米国は核を使わないのではないか……」

この時、ナイは即座に「心配しなくても米国はただちに核報復攻撃を実行する」と返答したそうです。「核の傘」に限らず、核戦略そのものが極めて高度な「心理ゲーム」に近いことを熟知しているナイは後に、この時のやりとりについて「自分のような立場の人間があの場で逡巡したら、核の傘は直ちに『張り子の虎（Paper Tiger）』になってしまうだろう」と漏らしたそうです。

時として「核の傘」の信頼性に疑念の目を向ける日本に対して安心感を与えるためには、米側為政者による細心の配慮が欠かせないことをナイは十二分に理解していたということでしょう。

それでも「核の傘」への不信感から自主核武装に転じるべき、あるいは少なくともその「余地」を残しておくべきだとする声は日本で今なお、残っています。最近の例で言えば、二〇〇六年十月に北朝鮮が地下核実験を断行した後、当時の与党・自民党内で沸き起こった「自主核武装研究論」が記憶に新しいかもしれません。

当時、自民党政調会長の座にあった中川昭一元財務大臣（故人）は民放の番組で「憲法でも核保有は禁止していない。非核三原則は守る。でも議論は大いにしないといけない」と発言しています。この点に関連して、日本が「核保有しない理由」について当時の内閣法制局長官が一九七八年の参院予算委員会で以下のような見解を表明したこともあります。

一、憲法は自衛のための必要最小限度を超えない範囲内の核兵器の保有は禁じていない

一、一切の核兵器は政策として非核三原則によって保有しない

この政府見解によれば、日本は「非核三原則」という国是に基づいて自らの政策判断で「非核」を選択し、かつ米国の「核の傘」に依存しているのであり、決して外部から強制されているわけではないということになります。

実際、岸信介首相が一九六〇年四月の衆議院日米安保特別委員会で行った答弁では「憲法上は原子爆弾も保有できる」としています。これまでの政府見解も「(必要最小限度の)範囲内にとどまる限り、核兵器であると通常兵器であるとを問わず、これを保有することは憲法九条二項の禁ずるところではない」というものです。こうしたことを背景にして、「核の傘」を巡る日本の複雑な「国家的心情」が、日本の歴代政権においても過去、幾度となく顔を見せてきたこともまた、事実なのです。

脱・密約の時代

二〇一一年七月二十日、自民党の国家戦略本部(本部長・谷垣禎一総裁)は政権を担える「責任政党」としての復活を期して、中・長期的な基本政策をまとめた「日本再興」と題する報告書を発表しました。

全体で四十九ページからなる「日本再興」は、その前年の九月に谷垣総裁が発足させた「国家戦略本部」が中心となってまとめたものです。国家戦略本部は六つの分科会（成長戦略、社会保障・財政・雇用、地域活性化、国土保全・交通、外交・安全保障、教育）を組織化し、それぞれの分科会がテーマごとに「再生・自民党」の政策ビジョンを作成しました。

エネルギー政策や景気対策など様々な政策目標を網羅した報告書の中で、ひときわメディアに注目されたのは、外交・安全保障分科会が打ち出した、米軍による核兵器の一時的な持ち込みを海上・海中に限って容認するという「政策提言」でした。

宏池会にとって始祖のような存在でもある吉田茂以降、日米安全保障体制において米軍による日本への「核持ち込み（米国主体の核抑止力の堅持）」という密約は、冷戦時代の現実（リアリズム）を反映する国際政治に鑑みて、日本にとって「必要悪」と言ってもいい存在でした。

池田勇人と並んで、吉田の愛弟子の一人だった佐藤栄作が政治的な思惑から冷戦時代に選択した「非核三原則」という方針は、その後、結果的に「核持ち込み」の存在を必要以上に浮き彫りにすることにもなったのです。

それは宏池会切っての勉強家であり、クリスチャンでもあった大平正芳が、外相・首相時代を通じて頭を悩ませ続けていた「イントロダクション（持ち込み）」と「非核の誓い」の相克という政治的呪縛を生み出します。そして、その両者が生み出した政策的な「矛盾」が、核廃絶に向けて国際世論にアピールする際の日本のソフトパワー、言い換えれば「道義的権威（Moral Authority）」を損なってきた部分は否めないのです。

宏池会の重鎮でもあった谷垣総裁の下、自民党がこの政策提言を発表した背景の一つには、当時、政権・与党の座にあった民主党政権による「密約調査」の公約がありました。ここからはその経緯と概要に若干、触れておこうと思います。

二〇〇九年九月十六日、民主党（当時）・鳩山由紀夫政権で外務大臣に就任した岡田克也は、一九六〇年の日米安全保障条約改定時、米国による日本への核持ち込みを認めていたとされる「密約問題」などについて薮中三十二《やぶなかみとじ》外務次官（当時）に同年十一月末をメドに調査結果を報告するよう、大臣命令を発しました。

その言葉に従い、外務省は直ちに調査チームを発足させました。この時、調査対象とされたのは、①一九六〇年一月の日米安全保障条約改定時の核持ち込みに関する密約②朝鮮半島有事の際の戦闘作戦行動に関する密約③一九七二年の沖縄返還時の有事の際の核持ち込みに関する密約④一九七二年の沖縄返還時の原状回復補償費の肩代わりに関する密約――の四つです。

それから約半年後の二〇一〇年三月九日、外務省の依頼に基づき、日米間の密約問題を検証していた有識者委員会（座長、北岡伸一東大教授）は一〇八ページからなる「最終報告書」を公表しました。

焦点となっていた米軍艦船による日本への「核持ち込み」について、委員会は報告書の中で「日米間に『暗黙の合意』があった」と指摘した上で、明確な文書などは存在しない「広義の密約」だったとの結論に達しています。

核兵器を搭載した米艦船による日本への寄港・通過を日米間の「事前協議」の対象外とすることで事実上、核持ち込みを認めるという「密約」については、日米安全保障条約を締結した一九六〇年当時、日米間で合意内容を巡って「見解の相違」があったと報告書は指摘しています。

一九六三年の「ライシャワー・大平会談」については、米側が「寄港は事前協議の対象外」との立場を伝達したものの、日本側はこれを正式には認めず、それから五年以上経った一九六八年から一九六九年にかけて、先述した「見解の相違」を黙認する形での「暗黙の合意」が固まった、と委員会は分析しています。

一方で、その「例外」とも言える動きが水面下であったのは先述した通りです。それは一九六三年に当時のライシャワー駐日米大使から「核持ち込み」に関する米側の解釈を伝えられた後、この問題に真摯に取り組み続けた当時の宏池会の領袖、大平正芳によるものです。

ライシャワーとの会談から十年以上経った後でも大平は当時の田中角栄首相とひざ詰めで協議し、核兵器を搭載する米軍艦船の一時的な寄港を巡る日米間の「見解の差異」を政治的に正そうと試みました。生涯を通じて、この問題に対して誠意ある姿勢を貫いた大平について、密約解明を公約にした岡田も政治的立場を乗り越えて「敬意を表したい」と語っています。

ただ、大平が「密約」の存在を知った一九六〇年代はまだ、米国と旧ソ連が激しく角を突き合わせる冷戦の真っただ中にありました。ライシャワー大使が当時の大平に「核持ち込み」に暗黙の承認を求めた背景には、米国が当時、対ソ連という文脈で核戦略の手足を縛られることを懸念したからにほかなりません。

一方で、私の故郷である広島や長崎において辛い記憶を持つ日本では、「非核三原則」の国是を根底から揺るがしかねない「密約」は到底、認められるものではありませんでした。さらに、その「公表」という政治決断に対しては国内的に相当の反発があることを覚悟しなければならなかったでしょう。だからこそ、大平は一人、悩み続けたのです。

しかしながら、その大平の苦悩は実のところ、一九八〇年代後半の冷戦終結と共に完全に解消されています。言い換えれば、冷戦終結以来、過去三十年近くにわたって、日本は「密約の影」におびえることなく、「非核三原則」を名実共にしっかりと堅持していたのです。

一九九一年九月二十七日、当時のジョージ・H・W・ブッシュ大統領が冷戦終結を踏まえ、「核巡航ミサイル（SLCM）を含め、艦艇と攻撃潜水艦から全ての戦術核を撤去する」と宣言しました。それ以降、近年の核戦略に基づいて米国が日本防衛のために提供している「核の傘」の主体は、太平洋の深海に潜んでいる原子力潜水艦から発射される「潜水艦発射弾道ミサイル（SLBM）」になっています。

つまり、それ以降、二十一世紀の今日に至るまで、米国の戦術核兵器を搭載した米軍艦船が日本に寄港する、あるいは領海を無断で通過することは現実としてあり得ないのです。ですから、自民党による「政策提言」も現時点では実際の政治の現場で大きな意味を持つことはありませんでした。

事実、私自身、外務大臣時代に国会での質問などにおいて、この密約問題に悩まされたことは一度もありません。当時、国会でこの問題を追及された時のことを想定していた応答要領は以下のようなものでした。

「米国の核戦略が変わり、日本に米国の核兵器が持ち込まれることは現実問題としてあり得ない」

この考え方の要諦は、日本が戦後以来、大切にしてきた「非核の誓い」の国是を実質的には変えることなく、米国が長い間、日本に提供してきた「核の傘」の信頼性をさらに高め、北朝鮮や中国による核の威嚇に対抗することにあります。

小渕恵三内閣や福田康夫内閣で外務大臣、防衛大臣などを歴任し、この政策提言をまとめた外交・安全保障部会の座長を務めた自民党の重鎮・高村正彦は外務省系の雑誌「外交」（二〇一一年九月号）のインタビューで新機軸の意図をこう説明しています。

「米国が有事で戦術核を（日本の領土・領海に）再導入するような事態がこの先もずっとないとは限りません。そうであるならば泥縄的にではなく、たとえば十年ぐらいのスパンで（そうした時代への備えを）準備しておく必要があります」

爆弾発言の底流

「今や、いつの時代にもまして不滅の柱。アジアとインド・太平洋、世界の平和を守り、繁栄を保証する不動の柱だ」

二〇二〇年一月二十日、都内にある外務省・飯倉公館でそう発言したのは安倍晋三首相です。この日、日本政府は現行の日米安全保障条約に日米両国が署名してから六十年が経過したことを記念する式典を開催しました。

式典に先立って発表した声明の中で、ドナルド・トランプ米大統領も「安全保障環境が変わり新たな課題が出てくるのに伴い、同盟をさらに強化し深化させることが不可欠だ」と指摘し、日米同盟体制を巡って安倍首相とのエール合戦を演じて見せました。その一方で、トランプ大統領はこんな表現を使って、日本に在日米軍駐留費に関する負担増を求めることも忘れてはいませんでした。

「相互安全保障の日本の貢献が今後も拡大し、我々の同盟が引き続き栄えていくと確信している」

これより遡ること半年前の二〇一九年六月二十九日、ワシントンで開いた記者会見で飛び出したトランプ大統領の「爆弾発言」は日本に大きな衝撃を与えました。

「(日米安全保障条約の破棄は)全く考えていない。不公平な条約だと言っているだけだ。私は彼(安倍晋三首相)にそれを、この六か月間、言ってきた」

二〇一六年の米大統領選以来、断続的に続く「トランプ発言」の理屈はある意味、単純なものです。まず、トランプ大統領は「もし、日本が攻撃されたら、米国は全力で戦う。戦闘に入らざるを得ず、日本のために戦うことを約束している」と指摘します。その上で「もし、米国が攻撃されても、日本はそうする必要はない」と指摘し、日米安保条約の性格上、日本側に「米国防衛」の義務がないことをあげつらうのです。

もちろん、日本は国民の幅広い理解と支援を背景にして、総勢五万人を超える在日米軍に基地を提供しています。その上、基地労働者の給料や、その基地の維持経費など必要な駐留経費を日本国民の税金で賄っています。

米国防総省によれば、二〇一八年九月末時点の在日米軍は約五万四千人で、二〇一九年度予算で駐留経費は三千八百八十八億円と見込んでいました。このうち、基地の従業員人件費など本来、米側が支払うべき費用を日本が負担する「思いやり予算（Host Nation Support＝HNS）」は千六百三億円とされています。

日米同盟体制の要点を単純に表現すれば、「世界最強の軍隊」と「世界随一の核戦力」を保有する米国が専ら「矛《ほこ》」の役割を任じ、戦後以来、専守防衛を貫いてきた日本が「盾《たて》」の任務に徹するという、ユニークな相互支援のスキームということになります。その点において、戦後、吉田茂が残した「制度設計」は今も基本的に変わっていないのです。

その設計思想に沿って、現在の日米安保条約でも第五条では日本が攻撃を受けた場合、米国に日本防衛の義務を課しています。一方、第六条は日本が米軍に基地や施設を提供する義務も定めているのです。

ただ、そのユニークさゆえ、日米両国ではこの同盟関係を「双務的ではない」とか、「片務的であり、純粋な意味で同盟とは言えない」などとする声も少なからずあったのは否定できません。

第二章で述べたように、安倍政権において成立させた「平和安全法制」において、現行の平和憲法の下で日本が「集団的自衛権」を限定的に行使できる環境を整えた背景には、こうした日米同盟に対する的外れな批判を和らげたいという思いもありました。

それだけに一連の「トランプ発言」に見られるような、一方的な物言いは極めて危険なことだと私は思います。今まで説明してきた通り、米国が「日本の利益」のためだけに日米同盟を維持しているわけではないからです。

何事もそうですが、一方的な決めつけ、議論は物事の本質を見誤ることになりかねません。繰り返しになりますが、日米同盟体制は日本だけでなく、米国の「アジア戦略」にとっても大きなメリットをもたらすものです。

仮に、米国が全ての在日米軍経費を自前で負担するとなれば、そのコストはゆうに二倍以上に膨れ上がることでしょう。それは直ちに米国の国防予算を逼迫させ、いずれはアジア・太平洋地域から米軍が部分的にせよ、撤収せざるを得なくなるかもしれません。それはすなわち、世界における米国の影響力が低下することを意味するのです。

これらの事実を踏まえ、日米両国の為政者はこの同盟体制の意味や意義を正しく理解し、相互に敬意を持ちながら、それぞれの立場で真摯に地道な同盟管理の作業を続けていかなければならないのです。

そうした考えは何も私だけのものではありません。実際、トランプ大統領の「爆弾発言」から約一週間後の二〇一九年七月四日、安倍首相はＮＨＫの番組でトランプ政権が在日米軍駐留経費の日本側負担、いわゆる「思いやり予算」の増額を求めてくるとの見方について、「全く変える考えはない」と即答しています。

「日本は（米軍経費の）七割近くを負担している。他の国々と比べても決して見劣りするものではない」

そう強調した安倍首相はそれまでの首脳会談で、トランプ大統領にもそうした事実を何度も説明し、「(トランプ大統領にも）了解していただいていると思う」と明言しています。トランプ政権で国防政策を一手に担っていたジェームズ・マティス米国防長官（当時）も来日時、日米同盟の現状について「他の国にとってもお手本になる」と高く評価しています。

それでもトランプ大統領は一貫して、現在の日米同盟体制の構造を「不公平(Unfair)だ」と決めつけています。一九八〇年代から一九九〇年代にかけて米国内でしきりに喧伝されていた「日本＝フリー・ライダー(ただ乗り屋)」という見方に基づくトランプ大統領の思考回路は、一朝一夕で出来上がった付け焼刃的なものではなく、過去三十年以上にもわたって心中に抱き続けてきたものなのでしょう。

そうこうするうちに二〇一九年十一月十五日、今度はトランプ大統領以外からショッキングなニュースが飛び込んできました。

米外交誌、「フォーリン・ポリシー(電子版)」は同日、二〇一九年七月当時、まだトランプ大統領の側近だったジョン・ボルトン大統領補佐官(国家安全保障担当)が来日した際、在日米軍駐留経費の日本負担額を現行の四倍に増やすよう、求めていた、と報じました。

ボルトン補佐官はこの訪日に際して、帯同した国家安全保障会議(NSC)のマット・ポッティンジャーアジア上級部長(当時)と共に、河野太郎外務大臣や、岩屋毅防衛相、谷内正太郎国家安全保障局長とそれぞれ会談しています。同誌によれば、ボルトン補佐官は日本の次に訪れた韓国に対して、米軍駐留経費の負担額を五倍に増額することも要求したとされています。

この時点で在日米軍駐留経費の日本負担額は二〇一九年度予算の歳出ベースで千九百七十四億円と見込まれていました。この四倍ということはざっと計算して、実に八千億円前後の負担を日本に強いることになります。

在日米軍駐留経費の負担に関する日米間の特別協定は二〇二一年三月に期限切れを迎えます。このため当初、日本政府内にはトランプ大統領の態度について、二〇二〇年春から本格的な第二ラウンド交渉が始まる「日米貿易協定」を有利に進めるための高等戦術ではないか、という見方もありました。

しかし、現在では「思いやり予算」の増額を求めるトランプ政権の本気度を疑う声は次第に少なくなっているようにも思えます。同じような要求を韓国や欧州の同盟諸国に対しても、トランプ大統領は執拗に繰り返していることが、そうした受け止め方を後押ししているのです。

ここからはあくまでも「頭の体操」的な話になりますが、これまでの駐留米軍経費負担は米軍が提供する「通常戦力」に必要なコストを分母として計算したものでした。仮に「核の傘」の経費負担までを視野に入れた場合、その母数は劇的に変わることは間違いなく、日本の負担額も大幅に増えることでしょう。

そうなれば、ボルトン前補佐官らが言い残したとされる「八千億円」という金額ですら、あながち「非現実的」という一言では片づけられなくなってしまいます。もちろん、それを日本がそのまま鵜呑みにして受け入れることなどあり得ません。

日米安保六十周年を祝う式典に寄せた声明で、トランプ大統領は「日米が築いた強固な同盟関係は、米国、日本、インド太平洋そして全世界の平和、安定、繁栄にとって不可欠なものとなった」と強調しています。その一方で、トランプ大統領はその半年前、こうも述べています。

「私は彼（安倍首相）に、我々は（日米安保体制の政策を）変える必要があると言った。誰も米国を攻撃しないだろうと、私は願っている。だが、万が一、それが起きた場合、米国が日本を助けるなら、日本も米国を助けなければならない。彼（安倍首相）はそれを分かっている」

度重なるトランプ大統領の発言が引き金となって、米国や日本が「日米安保条約の破棄」という最悪の選択肢に手を伸ばすことは絶対にない、と私は確信しています。米国にとっては極東戦略の要であり、日本にとっても安全保障政策の基軸は何といっても日米同盟であることに変わりはないからです。

一方で、米国が熟慮せず、日本に対して唐突に駐留米軍経費の大幅増額を求めてきた場合、日本国内でも「思いやり予算」の増額要求に対する批判や、反発だけでなく、日米安保体制そのものを不安・疑問視する声が強まっていく恐れも完全には否定できません。

実際、トランプ大統領の当選が決まった後の二〇一六年十一月末、共同通信社が実施した全国電話世論調査によると、トランプ大統領が選挙戦の段階ですでに何度も口にしていた在日米軍駐留経費の負担増について「日本の負担を増やす必要はない」との回答が八六・一％（「増やした方がよい」は九・二％）にも上っています。

こうした国民世論を背景にして、トランプ政権からの「思いやり予算」の増額要求に対して、「自主防衛力の強化のための防衛費を増額すべきだ」などとする声は、すでに少なからず自民党内でも散見されつつあります。その種の議論・論争がやがては日本の保守派の一部ではなお燻っている「自主核武装論」へと飛び火していく——そうしたシナリオを私は心中、懸念しています。

「核兵器のない世界」を目指す私から見れば、この「負の連鎖」だけは絶対に避けなければなりません。同時に、そのようなことがないように私たちはこれからも最大限の努力をしなければならないのです。

「米国は世界の警察官と言われ、強引に世界の平和や安定に介入する時代もあったが、大統領選などを見てもどんどん内向きになっている」

最終的にはトランプ大統領が勝利する二〇一六年の米大統領選挙の最中、秋田県秋田市を外務大臣として訪れた私は当時（二〇一六年五月二十一日）の率直な感想として、こう述べています。第一章でも指摘した通り、最近の米国が「内向き」の傾向を強め、「米国第一（America First）」の風潮を強めている点は正直、大いに気になるところです。

よく言われていることですが、長らく「世界の警察官」を自任してきた米国は冷戦終結後、その役割を重荷に感じ始め、そこから降りようとすらしています。仮に、一連の「トランプ発言」が単なる一過性のものではなく、そうした米国内の「声なき声」を代弁している氷山の一角であるとするならば、それはいつの日か米国のアジア戦略、そして、この地域における米国の核戦略が今後、根本的に変わっていく可能性すら暗示しているのかもしれません。

その時、日本は自らの役割をどのように考え、どのように自分を守りながら、新しい国際環境に適応していくのか――。

長らく「親米・リベラル保守」の灯を守り、その旗手役を自任してきた宏池会にとって、この命題は決して避けては通れないものであり、それと真剣に向き合いながら、日本と世界にとって「最善の道」を見つけ出していきたいと思っています。

第五章

岸田イニシアティブ

核全廃という「理想」に向かって、一歩でも前に進もうとしている私ですが、日本を取り巻く環境は日々、厳しくなっていることはこれまで書いてきた通りです。

吉田茂、池田勇人、大平正芳、そして宮澤喜一といった宏池会の先達は皆、その時の時代背景や国際政治の実相を踏まえつつ、常に「日本として、どうしたらいいのか」ということを懸命に考えた末、その都度、自分なりの政治判断を下し、その政権が成し遂げるべき政策を創り上げてきました。

しかし、それらはいずれも最初から「こうするのだ」という明確な目標を定めていたわけではなく、多くの場合はむしろ、熟考の末の「結果の産物」だったと私は考えています。

被爆地・広島出身の政治家として、私も「核兵器のない世界」という旗を掲げようとしていますが、それも最初から政策の「金看板」にできるわけではありません。まずは自分のできることから一歩ずつ着実に実行していく、いわば「急がば回れ」の精神で臨むことがリアリズムの観点からも肝要と自分に日々、言い聞かせています。

この章では、具体的に日本として核全廃の実現に向けて今、何ができるのか、また、何ができないのか、そして、何をするべきなのか、といった観点から物事を論じつつ、核廃棄に向けた私なりの「政策指針」のいくつかをご紹介したいと思います。

何度も書きましたが、「核兵器のない世界」を実現するまでの道のりは遠く、険しいものです。途中で何度も挫折したり、道に迷ったりすることもあるかもしれません。一見しただけでは回り道をしているようであっても、実はそれが正しい方向へとつながる道へと私たちを案内してくれるのかもしれないのです。

そのことを示す実例として、ここではまず、私が外務大臣として密接に関わった国連の「核兵器禁止条約」を巡る日本政府の当時の対応を説明することから始めたいと思います。

核兵器禁止条約を巡る逡巡

二〇一六年十月二十七日、国連総会の第一（軍縮）委員会は、核兵器の使用を法的に禁ずる「核兵器禁止条約」を巡る、本格的な交渉に入ることをうたった決議を賛成多数で採択しました。

米国やロシアなど核兵器の保有国や、その「核の傘」の下にいる三十八カ国は反対しましたが、オーストリアやメキシコが主導した決議案には途上国など百二十三カ国が支持を表明、その結果、翌二〇一七年三月からの交渉開始が決まったのです。

因みに棄権は十六カ国で、このうち、中国が唯一、保有国として棄権した一方で、この頃、核実験を強行していた北朝鮮は賛成に回っています。

実は、この決議を巡り、唯一の被爆国である日本も反対した国の一つでした。反対した最大の理由は、米国が提供する「核の傘」の下に入ることで自らの安全保障政策の根幹を堅持している以上、核兵器の保有を法的に禁じる条約の協議には応じられない、というものでした。

しかし、「核兵器がもたらす悲劇的な人道上の結末を深く懸念する」という決議案の文言に賛同した私は唯一の被爆国として、日本が何とか核保有国と非保有国の「橋渡し役」を任じられないものかと心中、思案していました。

実際、決議が採択された翌日、私は閣議後の記者会見で、「非核兵器国、核兵器国の協力を重視する立場から主張していきたい」と述べ、日本として策定交渉には参加したい意向を強く滲ませています。

この一年前の二〇一五年十一月、同じ国連総会の第一委員会に日本が提出した「核兵器廃絶決議」を巡っては、米国、英国、フランス、ロシア、中国のいわゆる「P5」を含む、全ての核保有国が棄権か、反対に回っていました。それまで二十二年連続で採択されていたこの決議を巡って、ここまで強い逆風が吹いたのは初めてのことでした。

それだけに私はこの核兵器禁止条約の交渉プロセスにおいて、日本にしかできない役回りを模索したいという気持ちを強く持ち始めていました。

「核兵器のない世界」の実現という大きな目的に向かって、議論を活性化させることは決して、吉田茂ら先達が選んだ米国の「核の傘」の下で守られるという、戦後・日本の安全保障政策の根幹とも「矛盾しないのではないか」と考えたのです。

それまでにも私は核廃絶を巡る国際的な議論、交渉には日本の政治家、あるいは外務大臣として数多く、接してきたつもりです。そして、それらの経験を踏まえて辿り着いた自分なりの結論は「核保有国と非保有国の双方を同じ交渉のテーブルに着かせた上で、核保有国を動かさなければ何も物事は進まない」ということでした。

その現実を嫌というほど見せつけられていた私は、自分なりに何とか「理想と現実」の狭間にあるであろう「細く、長く、険しい道」を探そうと努力してみたのです。

もちろん、当時は政府・外務省内にも「決議に反対したのに、交渉に参加するのは自己矛盾である」とか、「拡大抑止力（核の傘）を提供する米国の立場を考えれば、日本の参加など考えられない」などとする意見が多数、ありました。ですから、正直に申し上げれば、私の意見は日本政府内でも少数派だったかもしれません。

それでも、私は最後まで「保有国と非保有国の距離を縮めることができるのであれば、日本が交渉に参加する意義はある」と考えていました。

しかし、結論から申し上げれば、残念ながら、私の試みは時期尚早でした。当時の状況をかいつまんで説明すれば、残念ながら核保有国と非保有国の乖離は加速度的に進んでおり、そうした環境下において、交渉を強行すればかえって両者の溝を深め、距離を遠ざけるだけだという結論に達したのです。

「核兵器保有国が参加しなければ、保有国と非保有国の亀裂、国際社会の分断を一層深め、核兵器なき世界を遠ざける」

二〇一七年三月二十七日、ニューヨークの国連本部で始まった「核兵器禁止条約」に関する制定交渉で、日本の高見沢将林軍縮大使がこう述べ、日本として交渉に参加しないことを正式に表明しました。

こうした日本政府の決断には多くの批判と失望の声が国内外から寄せられました。高見沢大使が演説を行った二十八日、私の遠戚にあたるカナダ在住のサーロー節子さんもそうした声をあげた一人でした。

この後、ノーベル平和賞を受賞することになるサーローさんは、核兵器禁止条約について「(核兵器は)人の道に外れており、違法」と明確に定めるものだとして歓迎しながら、日本の不参加について「被爆者は自分の国に裏切られ、見捨てられているとの思いが強まった」と強く非難しています。

この日、国連での演説ではフィリピンの代表が「核兵器は人類や国際社会に対する最大の脅威」などと訴え、日本にも翻意を促しましたが、高見沢大使は「北朝鮮の脅威など現実の安全保障問題の解決に結びつくとは思えない」と指摘した上で、米国をはじめとする核保有国を巻き込む形で、「現実的、かつ、効果的な措置の追求が必要」と述べ、私の考えを的確に代弁してくれました。

ニューヨークでの高見沢演説と時を同じくして日本時間の二十八日、私も閣議後の記者会見で「核兵器（の保有）国と非核兵器国の対立を深めるという意味で逆効果にもなりかねない」と指摘しました。同時に、「(核保有国と非保有国が）共に参加する枠組みが核兵器のない世界に向けた最短の道だ」と述べ、今後も粘り強く双方の橋渡し役を任じていく決意を新たにしたのです。

実際、そのチャンスはすぐに巡ってきました。その舞台はニューヨークでの不参加表明から約一か月後のオーストリア・ウィーンです。

二〇一七年五月二日、私はウィーンで開催されていた核拡散防止条約（ＮＰＴ）再検討会議の準備委員会で演説し、「核なき世界」実現のため、「核兵器国と非核兵器国を巻き込む」議論が必要だと述べ、双方の歩み寄りを強く求めました。同時に、日本による新たな取り組みとして、核保有国、非核保有国から有識者を招いた「賢人会議」を設立する考えも表明しました。

それまで、このNPTの準備委員会には加盟国のほとんどが担当の大使や、省庁の部長級を派遣するのが通例でした。しかし、私はニューヨークでのサーローさんたちの悲痛な声などを背中で聞きながら、外務大臣として異例の出席を決断したのです。

各国の先陣を切る形で演説した私は、二〇一五年のNPT再検討会議が最終文書の採択に失敗したことを踏まえ、「二〇二〇年の再検討会議の成功が重要だ」と指摘しました。

その上で、「核兵器禁止条約」を巡って、険悪化してしまった核保有国と非核保有国の関係修復のために、①核保有国による透明性が高い核戦力報告②朝鮮半島の非核化など安全保障環境の向上③被爆の実態把握のため、政治指導者や若者の被爆地訪問――などが必要だと懸命に訴えました。

この時、私は今いきなり「核兵器禁止条約」を導入しようとすることは、改めて保有国と非保有国の対立を「一層深刻化させる」だけだと指摘しました。それに代わる代替案として、私はまず、前述したNPT、CTBT、カットオフ条約などの包括的核実験禁止条約（CTBT）の発効など「現実的な手段」で核兵器を「最小限ポイント」まで減らすことが重要だと指摘しました。その上で、現在、議論されている「核兵器禁止条約」の中に、各国による核放棄の検証体制を盛り込む国際的な「法的枠組み」を導入し、「核兵器のない世界」を実現すべきだという持論を展開しました。

ここで私が最も強調したかったのは、核保有国を巻き込みながら核兵器の「数」だけでなく、それを保有する動機、そして、その役割を同時並行的に「最小限ポイント」にまで引き下げていき、その上で核兵器禁止条約を進化させた「法的枠組み」を導入するという考え方でした。「法的枠組み」を使う「タイミング」をまちがえてはならないということです。「タイミング」をまちがえると、核保有国をテーブルに着かせることもできなくなってしまいます。

世界の歴史を辿ってみればわかりますが、核軍縮の機運の高まりにはある種の「サイクル」のようなものがあります。

第一章で紹介した一九八六年のレーガン米大統領とゴルバチョフ旧ソ連共産党書記長によるレイキャビク首脳会談はその一つのピークであり、一九九三年の国連総会でクリントン米大統領が冷戦終結に伴う「平和の配当」の一環として提唱したカットオフ条約導入の動きは次の山と言えるでしょう。そして、二〇〇九年のオバマ米大統領による「プラハ演説」が第三の頂きとなり、現在に至っているのです。

見方を少し変えれば、この三つの出来事の狭間にはいずれも「核軍縮」ではなく、「核軍拡」へと向かう悪い流れが生じています。そして、第三章で詳しく述べた通り、まさしく、二〇二〇年の現在は残念ながら、その下り坂の「真っただ中」にいると言わざるを得ません。

過去、人類が目にした三つのピークに続く「第四のピーク」がいつ、どこで、どのような形でやってくるのか。それはまだ、誰にもわかりません。しかし、その頂きに向かって踏み出す努力を一歩ずつでも重ねていけば、やがて「次」に向かう道標も見えてくると私は信じています。

いつかは必ず訪れる、次なるピークに狙いを定めて「最小限ポイント」を定める。その時、唯一の被爆国として日本が手にしている「伝家の宝刀」とも呼ぶべき、「道義的権威（Moral Authority）」を最大限に活用して、保有国と非保有国の仲を取り持ち、国際的な核軍縮の道を拓いていく――それが私の核廃絶に向けた長期戦略なのです。

NPTの守護神として

国際社会において唯一、日本だけが持つ「道義的権威」を象徴的に裏付ける、もう一つの支柱は、「核拡散防止条約（Treaty on the Non-Proliferation of Nuclear Weapons）」の存在です。

一般にその頭文字から「ＮＰＴ」と呼ばれる核拡散防止条約は一九七〇年に発効した国際条約です。現在までに世界百九十一カ国・地域が加盟し、①米国、ロシア、英国、フランス、中国のいわゆる「Ｐ５核保有国」が核軍縮を交渉する義務②加盟国による核不拡散の履行義務③原子力平和利用の権利――の三つの分野を規定しています。

発効以来、ＮＰＴは五年に一度の頻度で全体会合を開催し、この三分野について進捗状況や問題点などを議論・検証しています。全体会合の三年前から「準備委員会」を毎年開催し、本会合に向けて論点や課題を整理しています。

広島・長崎が被爆してから七十年の歳月が流れた節目の二〇一五年四月二十七日、私は安倍内閣を代表して米国・ニューヨークで開かれていたＮＰＴ再検討会議に出席しました。日本の外務大臣がこの会議に出席するのは実に十年振りのことでした。

「核兵器の非人道的影響の認識を共有し、核兵器のない世界に向けて結束すべきだ」

再検討会議の議場で私はこう演説し、ＮＰＴ体制を堅持しながら、世界規模で核軍縮・不拡散の取り組みを強化すべきだと力説しました。この時、私は日本などが主導する非核十二カ国のグループ「軍縮・不拡散イニシアチブ（ＮＰＤＩ）」でまとめた合意文書案をベースにして、P5など核保有国に「核戦力の透明化の確保」を求めたほか、米国やロシア、中国など全ての核保有国による「多国間核軍縮交渉」の開始も提案しています。

ご参考までに、NPDI（Non-Proliferation and Disarmament Initiative）とは二〇一〇年九月に日本とオーストラリア主導で、志を共有する非核兵器国と共に立ち上げた地域横断的なグループのことを指します。この少し前の二〇一〇年五月に開催したNPT再検討会議での合意事項を着実に実施するため、国連などで現実的、かつ、実践的な提案を行うことを主な任務としています。

現在のメンバーは日本、豪州のほか、カナダ、チリ、ドイツ、メキシコ、オランダ、ナイジェリア、フィリピン、ポーランド、トルコ及び、アラブ首長国連邦の計十二か国となっています。

「核兵器国を含め、政治指導者に広島と長崎を訪れ、自らの目で被爆の実相を見てほしい」

演説の途中、私はこう訴え、世界の指導者が被爆の実態を理解する重要性を強調しました。ただ、残念ながら、二〇一五年のNPT再検討会議は大きな成果を生むことはできず、最終的には手痛い失敗に終わってしまいます。

私の演説からほぼ一か月後の五月二十二日、ニューヨークの国連本部で開催されていたNPT再検討会議は最終文書案を採択できず、交渉決裂という最悪の形で幕を閉じました。およそ一か月の時間をかけたにもかかわらず、核軍縮に動かない核保有国と核軍縮の停滞に不信感を募らせる非核保有国との溝は広がるばかりだったのです。

この日の未明に何とか取りまとめた最終文書案について、これを真っ向から拒否する声が加盟国から飛び出した瞬間、二〇一五年のNPT再検討会議は目標とすべきゴールを失い、力尽きたのです。

「この文書案には合意がないと私は言わなければならない。残念ながら同意できない……」

ようやくまとまった最終文書案について、全体会合に参加した各国代表の間で「これで合意できるのではないか」という空気が広がる中、それに冷や水を浴びせかけたのは加盟国の二番手として登場した米国の代表、すなわち、オバマ政権で核軍縮・不拡散政策を担うローズ・ゴットメラー国務次官でした。

ゴットメラー次官は原爆投下から七十年目となる節目の二〇一五年八月六日、広島平和記念式典に当時のキャロライン・ケネディ駐日米大使と共に米政府の高官として初めて参列した人物としても知られています。「核なき世界」を目指すと宣言したオバマ大統領の下で、「本丸」とも言える核軍縮政策を担当していたゴットメラー次官の発言は、図らずも当時の難しい国際政治を色濃く反映したものでもありました。

この時、オバマ政権が同意しなかった主な理由は、文書案に盛り込まれた「中東非核地帯構想」の国際会議に関する記述でした。一九九五年のNPT再検討会議で採択された中東非核地帯構想はその後、二十年間も何の進展もないままでした。

仮に、中東非核地帯構想の国際会議が開かれれば、中東で唯一の核保有国とされるイスラエル（NPT非加盟）がその場でエジプトなど周辺アラブ各国からやり玉に挙げられることは確実視されていました。米国にとって事実上の「同盟国」とされるイスラエルへの配慮から、オバマ政権はこの会議の開催を阻止するため、全体会合で最終文書採択に二の足を踏んだのです。

「イスラエルの安全保障に対する私と米国の責任ある関与は、今も今後も揺るぎない」

ニューヨークで最終文書案が否決された日、オバマ大統領は首都・ワシントンDCで開かれていたユダヤ系米国人の集会に出席し、こう断言しています。「核なき世界」の「理想」はここでもまた、中東地域の地政学という「現実」の壁に真っ向から跳ね返されてしまったのです。

この土壇場での「逆転劇」に広島市内でコメントを求められた私は「被爆七十年の節

目の年に開催された会議で最終文書の合意に至らなかったことは大変、残念だ」と述べた上で、こう締めくくっています。

「核兵器のない世界に向けた取り組みに悪影響がでないようにNPDIメンバー国と協力しながら、(「核兵器のない世界」を目指して)引き続き努力していく」

振り返ってみれば、この時のNPT再検討会議での手痛い失敗がこの章の冒頭で述べた通り、「核兵器禁止条約」を巡って核保有国と非保有国の間で、より先鋭的な対立を招いた側面も否めないと思います。

というのも、このNPT再検討会議ではそもそも、本来は核保有国が約束しているはずの核軍縮を一向に進展させない現状に、非保有国が「我慢の限界」とばかりに声を上げ始めていたからです。

その際、エジプト、メキシコなど「新アジェンダ連合(NAC)」の六カ国を中心に百数十カ国の非保有国が「反核保有国キャンペーン」の旗印として掲げたのは「核の非人道性」というコンセプトでした。

その五年前の二〇一〇年会合の際、最終文書に盛り込まれた核兵器使用がもたらす「壊滅的な人道的結果」という文言をベースに発展させた「人道的アプローチ」と呼ばれる作戦で、非保有国は核保有国に明確な義務感と責任感、そして、スケジュール感を伴った核軍縮計画の作成を迫る場面が目立ちました。

これに対して、主要な核保有国側は「そのような大衆迎合主義は的外れ」（米国）と か、「核兵器を十分に扱った経験がない国の考え」（ロシア）、「（核の人道的影響が）特定の国々に、一方的な歴史解釈のために使われることを望まない」（中国）などと一斉に反発しています。

このように核保有国、非保有国の対立が先鋭化した背景には、先述したようにオバマ大統領による「プラハ演説」によって世界的に高まった核軍縮機運がその後、ロシアのクリミア併合宣言などで米ロ関係が悪化したことなどを契機に一気に停滞したことが挙げられます。

それだけでなく、中国やロシアなどはむしろ、核兵器の「近代化」を進める動きを加速させており、北朝鮮やイランの核開発問題も解決の糸口が全く見えない状況が続いています。インド、パキスタンなどに至っては「NPT非加盟」という立場で、すでに独自の核兵器を保有しているのです。

こうした現状に不満と危機感を募らせる非保有国と核保有国の「橋渡し役」を任じていくのは、日本にとっても至難の業と言えます。二〇一五年のNPT再検討会議で表面化した両者の大きな溝が一朝一夕では埋まらないことは、誰の目から見ても明らかだからです。

二〇二〇年三月五日、NPTは発効から五十年の節目を迎えました。それもつかの間、それから約三週間後の三月二十七日、国連は新型コロナウイルスの感染拡大を受け、米国・ニューヨークの国連本部で四月下旬から開催予定だったNPT再検討会議を最大約一年、延期すると発表しました。

当初計画では世界の約百九十カ国・地域の代表団や、NGO関係者のほか、広島・長崎の被爆者らも参加する予定でした。しかし、新型ウイルスの感染が世界中で広がる中、感染者が急増しているニューヨークなどを中心に米国が厳しい入国制限を敷いたことを受け、NPT再検討会議の議長に内定していたアルゼンチンのグスタボ・スラウビネン氏が条約の加盟各国に「延期」を提案したのです。

これに先立つ準備会合でも、NPTは「発効五十周年という機運」(中満泉国連事務次長)を活かすことができませんでした。具体的に言えば、この準備会合でも核保有国と非保有国間の溝は全く埋められず、翌二〇二一年の会議の方向性を決める勧告案も採択できなかったのです。

こうした停滞モードを先読みしていた国連のアントニオ・グテーレス事務総長は二〇一八年五月、ジュネーブ大学での演説で核兵器や生物化学兵器、サイバー攻撃など多岐にわたる分野の検証可能な軍縮を推進するための「行動計画」を発表しています。国連の事務総長が自ら包括的な軍縮の行動計画を表明するのはこれが初めてのことでした。

行動計画によれば、まず核兵器については核軍縮検証の基準や技術の開発に向けた専門家の議論を年内に開始すると説明しました。さらに、核配備や核実験、廃棄などを条約で禁じた「非核地帯」を中東などに拡大するプランや、「カットオフ条約」の制定を主要目標に挙げたのです。

残念なことに二〇二〇年の今日、そうした努力にもかかわらず、NPTだけでなく、オバマ大統領がチェコ・プラハでの演説で「核なき世界」への道標として列挙した「包括的核実験禁止条約（CTBT）」や、NPTを補強する目的で一九九三年に当時のクリントン米大統領が世界に向けて提唱した「兵器用核分裂性物質生産禁止条約」、通称「カットオフ条約」には厳しい逆風が吹き続けています。

核兵器の原料となる高濃縮ウランやプルトニウムなど核分裂物質の生産禁止を目指す「カットオフ条約」の骨子は、原料生産そのものに制約を課す多国間体制を構築することにあります。NPT体制では「聖域」となっている核兵器保有国の核物質にも監視の網をかけることで、非保有国に対する「不平等性」の是正を図る意味も込められているのです。

しかし、すでに生産済みとされる核物質の取り扱いや、保有量の透明性確保などを巡って核保有国が対立し、交渉の開始すらできないでいるのは第一章で指摘した通りです。そうした閉塞感を打破するため、日本も私もただ、手をこまねいていたわけではありません。

「他国を待つことなく一歩を踏み出そう」

二〇一七年七月二十七日、私はＣＴＢＴの早期発効プロセスを再び活性化させるため、アジア・太平洋地域の各国当局者を招いた国際会合を外務省で開きました。会合の冒頭、私は各国に自発的な努力を促すメッセージを寄せ、発効への協力を懸命に呼びかけました。そうした努力の甲斐もあって、実はＣＴＢＴに加盟する国はここ数年、少しずつではありますが、着実に増えています。

外務省によれば過去十年の間、ＣＴＢＴには新たに中央アフリカ（二〇一〇年五月）、ガーナ（二〇一一年六月）、ギニア（二〇一一年九月）、コンゴ共和国（二〇一四年九月）、アンゴラ（二〇一五年三月）などのアフリカ諸国のほか、インドネシア（二〇一二年二月）、ブルネイ（二〇一三年一月）、ミャンマー（二〇一六年九月）、タイ（二〇一八年九月）などが加盟し、わずかながらではありますが、そのモメンタムを維持しています。

とはいえ、核軍縮を巡る数々の厳しい現実を踏まえれば、日本が今後、どこで何ができるのかといった点についてはまだ、不透明な部分は多いと思います。

一つ言えることは、これ以上、核兵器を世界に拡散させないためにNPT体制は何としても堅持しなければならず、日本はCTBTやカットオフ条約も含め、「NPTの守護神」（ウィリアム・ペリー元米国防長官）として、あらゆる手段を通じて核軍縮の機運を保ち続けなければならないということです。

先述したように、「核兵器禁止条約」について、日本は参加を見送るという政治決断をしました。その姿勢について、「核廃絶に逆行する」などと国内外から厳しい批判を受けたことは記憶に新しいと思います。

しかし、実はこの決断の背景には、核保有国と非保有国の対立がこれ以上、激化した場合、NPT体制そのものが崩壊してしまうのではないか、という危惧もあったのです。

仮に、唯一の被爆国である日本が非保有国の先頭に立って、核保有国を批判するような印象を持たれたとすれば、それは「核の傘」を提供する米国の不信感を招くばかりでなく、他の核保有国の反発も誘発し、結局は核保有国と非保有国の溝を深めるだけで、その「橋渡し役」すらできなくなるという結論に達したのです。

かつて、佐藤栄作がライシャワー大使に指摘したように核保有国に勝るとも劣らない科学技術の力を持つ被爆国の日本が敢えて、「非核」という選択を続けるという、その揺らぎのない姿勢はそのまま、NPT、CTBT、カットオフ条約に対する強いコミットメント、言い換えれば暗黙の「国際公約」として世界に強力なメッセージを送ることになると私は思います。

それが、まだ見えてこない「核兵器のない世界」へと続いているであろう、細く、長い道を照らす一筋の光であり続けると私は信じているのです。

日米拡大抑止協議

二〇〇九年十月半ば、核全廃を訴えるオバマ大統領の「私的アドバイザー」だったウィリアム・ペリー元国防長官は、米政界切っての中国通であるヘンリー・キッシンジャー元国務長官らと北京を訪問、時の中国政府ナンバー2、温家宝首相と向き合っていました。

席上、ペリーらは第一章でも説明した核全廃に向けた青写真を説明し、中国にも協力を要請しましたが、ペリーらによれば温首相は終始、つれない態度を取り続けたとされています。

失意の中、その後に東京を訪問したペリーは当時の民主党・鳩山由紀夫政権の複数の高官と会談し、核問題についてこう提案しています。

「日米間で拡大抑止力（核の傘）に関連した問題を議論する『協議機関』を新設すべきではないか」

まだ、ペリーがクリントン政権で国防長官の職にあった一九九〇年代半ば、日米両国は冷戦後の「日米同盟」の役割について再確認する作業に着手しています。俗に「ナイ・イニシアティブ」と呼ばれた、この政策レビュー作業の結果、日米両国は有事の際の「行動作戦計画」を詳細に詰めています。

しかし、これは「通常兵器」の行使を前提とした作戦行動計画であり、日本が核攻撃を受けた際、米国が核で報復する軍事作戦については当時、まだ十分な打ち合わせ作業は進んでいませんでした。

第四章で詳しく書いた通り、当時、民主党政権下にあった日本は、自国への「核持ち込み」を巡る密約の解明などを求めていました。密約解明を宣言した岡田克也外務大臣（当時）はその一方で「北東アジアの非核化構想」を提唱し、「核兵器による先制攻撃の放棄」を米側に呼びかけたい意向も表明していました。

日本の民主党政権から発せられた二つの異なるシグナルにオバマ政権は戸惑いを隠そうとはしませんでした。結果、その懸念を解消するため、オバマ大統領の指南役だったペリーが考え出したのが「拡大抑止力」に関する新たな日米協議機関の発足だったのです。

「(日本への)核抑止力を保証するためにできることは何でもやる」――。

ペリーの極秘来日から少し前の二〇〇九年七月十八日、来日していたカート・キャンベル米国務次官補(東アジア・太平洋担当)は日本経済新聞との会見で、こう述べています。クリントン政権当時、キャンベルは国防長官だったペリーの配下として、日米同盟の再確認作業の陣頭指揮にあたっていました。つまり、二人は師弟関係にあり、「核の傘」を含め、日米同盟に関する二人の考え方にほとんど差異はありませんでした。

その言葉通り、キャンベルは翌日、日米両国の外務・防衛当局の局長による「日米安全保障高級事務レベル会合(SSC)」を外務省で開催した際、日本に提供している「核の傘」について定期的に意見交換する「日米拡大抑止協議」を立ち上げることを正式に提案しています。

当時の報道によれば、日本から梅本和義外務省北米局長、高見沢将林防衛省防衛政策局長、米側からキャンベルのほか、チップ・グレッグソン国防次官補らが参加した会合の席上、日米双方は「拡大抑止力」とも呼ばれる「核の傘」の信頼性を担保するため、それまでより以上に緊密な意見交換が欠かせないとの認識で一致しています。

この協議の様子については二〇〇九年八月六日付の毎日新聞の報道が詳しいので、その一部を紹介します。

《約一時間半の協議は北朝鮮問題や米軍再編など日米間の課題を総ざらいしたものだったが、「核の傘」協議についての話は五、六分で終わった。協議に出席した外務省幹部は「キャンベル氏は一度も「Nuclear（核）」という単語を口にしなかった」と言うが、日米両国は今後、SSCの場で「核の傘」協議をすることでは合意した。

外務省幹部は「日本はずっと米国に核の傘についての協議を求めてきたが、これまでは『大人になってからこい』と言われて拒否されてきた」と話す。NATOには有事の核運用について協議する「核計画グループ」（NPG）が設置されている。しかし、米国の意向以前に核兵器について協議する態勢が日本に十分にあるとは言えない。

米国が曲がりなりにも日本との「核の傘」協議を受け入れたのは、年末に八年ぶりに米国の核戦略の基本文書である「核態勢見直し」（NPR）が更新される予定になっているためだ。NPRに向けて今年五月に出された米議会の超党派の「戦略態勢委員会」

（委員長・ペリー元国防長官）の報告書は、同盟国、特に日本と核の傘の信頼性について話し合うべきだとしている。

報告書では名指しこそ避けているが、「北東アジアに潜在的な核保有国が米国の友好国や同盟国にある」と指摘しており、北朝鮮の核実験の影響で日韓が核武装するという核拡散の危険を抑えるために話し合いが必要との観点に立っている》

この時、毎日新聞が指摘した、十年振りに見直される「NPR」、つまり「オバマ版NPR」についてはすでに第三章で詳しく説明した通りです。その骨子をおさらいしておくと、オバマ大統領が提唱した「核兵器なき世界」を推進する方針を明記したほか、NPTを順守する非核保有国に対し「核兵器を使用しない」と宣言しています。さらに核の使用は核攻撃に対する報復攻撃など「極限の状況」に限定したほか、新しい核弾頭の開発や、核実験の実施も否定しています。

当時、米国はその「オバマ版NPR」に先駆ける形で、日本側に「拡大抑止協議」の開催を呼びかけたのでしょう。その動機は非核大国である日本に「核の傘」の信頼性を再確認させることによって、NPT体制の堅持につなげようというものだったと思われます。その延長線にオバマ政権が「核なき世界」の実現を見据えていたのは言うまでもありません。

幸い、キャンベルらが提案した「日米拡大抑止協議」は発足した二〇一〇年からトランプ政権の現在に至るまで、日米双方で交互に定期開催されています。

例えば、二〇一三年十一月の会議では、都内で北朝鮮による核・ミサイル開発の進展度合いをにらみながら、日米両国が共同開発しているミサイル防衛システム能力などを巡り、意見を交換しています。翌二〇一四年六月には舞台を米国・ニューメキシコ州のアルバカーキに移して、秋葉剛男・北米局審議官（現・外務次官）らが三日間の会議日程をこなしています。

この際、米側は自らの核戦力の配備状況や有事の対応などについて日本側に情報を開示しています。具体的には、米国の核兵器研究機関であるサンディア国立研究所に日本側を招き入れ、「Zマシン」と呼ばれる特殊な装置を使った既存の核兵器の性能実験なども見せています。

それ以外にも米側はこの協議の場を利用して、米ワシントン州バンゴールにあるキットサップ海軍基地（オハイオ級ミサイル原子力潜水艦の母港）や、カリフォルニア州ヴァンデンバーグ空軍基地（ICBMの発射実験場）、ハワイ州ホノルル（米インド・太平洋軍の司令部）、ノースダコタ州マイノット空軍基地（米地球規模攻撃集団）などに日本側交渉団を招待し、「核の傘」を提供する役割を担っている原子力潜水艦や、潜水艦発射弾道ミサイル（ＳＬＢＭ）、戦略爆撃機、そして、ＩＣＢＭの実相を直に見学させ、その信頼性維持に努めています。

こうした行動を続ける一方で、米国は現在、第四章で見てきたようにトランプ大統領自らが「同盟体制の見直し」に何度も言及しているのが実情です。そして、それは間接的ながら米国による「核の傘」の信頼性にも少なからず、悪影響を与えている面も否めないのです。

こうした不安を取り除くため、安倍首相と私は二〇一七年二月三日、トランプ政権で国防政策を統括していたジェームズ・マティス国防長官（当時）を招き、ひざ詰めで意見交換に臨んでいます。

「日米安保条約に基づく対日防衛義務、同盟国への拡大抑止提供を含め、米国の同盟上のコミットメント（関与）を再確認する」

会談の席上、マティス長官はこう述べ、トランプ政権下でも「核の傘」も含め、米国が「日本防衛」に全力を注ぐ考えを強調しています。ただ、マティス長官はその後、安全保障政策に関する方針の違いからトランプ大統領と疎遠になり、やがては政権を去る憂き目にあってしまいます。

二〇〇九年十月二十一日付の日本経済新聞でインタビューに応じているペリーによれば、自ら提案した「日米拡大抑止協議」のモデルとしていたのは、米国が北大西洋条約機構（NATO）と共同で運営する「核計画グループ（Nuclear Planning Group＝NPG）」でした。この場でNATO加盟各国は、米核戦力の配備状況や有事の対応などを定期的に協議し、「核の傘」の信頼性を維持しているのです。

核全廃に向けた長いプロセスにおいて、前述したようにペリーらは「日本など同盟国に対する『拡大抑止力』の堅持が極めて重要」とオバマ大統領に進言していました。同時に、日本が核の拡散を防止するためのNPT体制のシンボルとして、その方針を変えないことも「必須条件」とペリーは強調していました。日本に対して「NPTの守護神たれ」とエールを送る背景には、こうした問題意識があったのです。

その二つの課題をクリアするため、ペリーらが生み出した妙案こそ、日米両国政府が拡大抑止力に関する新しい二国間協議を始めるというアイデアだったのです。

ペリーが日米間の「拡大抑止協議」のモデルと見立てたNATOのNPGは当時から現在に至るまで、米国が提供する「核の傘」の実効性を高めるため、「ニュークリア・シェアリング（核分担）システム（Nuclear Sharing System）」と呼ばれる態勢を取っています。

強大な核戦力を今も維持しているロシアと地続きにあるという地政学的な事情を背景に、NATO加盟各国は米国の核兵器が自国の領土内にあることで、米国は提供する「核の傘」をより確かなものとして担保できるという、独自の政治・軍事的思惑を維持しているのです。

そして、この「核分担システム」を運営するに際して、重要な役割を果たしているのが、NATO内に設置している「核計画グループ（NPG）」です。NPGは核戦力を使った有事への対応方法について定期的に米側と詳細に協議し、即応力を維持することを申し合わせています。こうすることで欧州に対する米国の「核の傘」がより確かなものとして受け入れられている、というのがNATOの立場なのです。

ただ、NATO諸国が「核分担システム」の枠組みを使って、米軍の核兵器と共に日常的に訓練を重ねている実態に照らせば、戦後以来、「非核」の選択を続け、今もなお、「非核三原則」を堅持している日本にこのシステムを導入できないことは明白です。

実際、唯一の核被爆国として「非核三原則」を掲げる日本の事情に配慮したペリーは「核だけでなく通常兵器や経済力など幅広い概念を含有する『拡大抑止力』という言葉を使うべきだ」と指摘しています。

この協議体を使って、第四章で指摘したような、日本に燻る「核の傘」に対する不信感を払拭し、同時に「核持ち込み」に関する密約問題や先制核攻撃の是非などを取り上げることで、日米間の不協和音も表面化せず、「日米の連帯」(同氏)を強めることもできるとペリーは期待していたのです。

第四章でも指摘したように、「核の傘」の信頼性、実効性を保つためには極めて高度、かつ、デリケートな配慮が求められることは言うまでもありません。その観点に立てば、NPGが実行しているような定期的な意見交換のスタイルについてはある程度、日本も参考にできるのではないか、と私は思います。その意味でオバマ政権時代に発足した「日米拡大抑止協議」には今後、さらに大きな役割も期待したいと考えています。

李下の冠

二〇一八年七月十六日、日本と米国による「日米原子力協定」が発効から三十年の満期を迎え、翌十七日には自動延長されました。一九八八年に発効した原子力協定は日本による原子力の「平和利用」や「研究開発」を認めることを骨子としています。この協定に基づき、日本は国内にある原子力発電所から出る使用済み核燃料を再処理し、そこから取り出したプルトニウムを再利用する「核燃料サイクル事業」を推進してきました。

世界の複数の国が主として二国間で締結している「原子力協定」は、原子力発電所の運用に必要な原子炉やウランなどの機材や核物質を輸出入する際の「取り決め」と言えます。その主たる目的は「核の平和利用」を隠れ蓑にして核保有に走ることを防ぐものであり、国際原子力機関（ＩＡＥＡ）の保障措置と共に原子力の平和利用と核不拡散を両立させる柱とされています。

日米原子力協定の歴史は一九五五年にまで遡ります。この時はまず、研究目的の名の下に締結され、その後、ウラン燃料の濃縮や使用済み燃料の再処理を一括で認めた協定を一九八八年に発効させています。

この時以来、三十年間にわたって日本に再処理を認めてきた旧協定は日本にとって、対米外交上の大きな成果でもありました。それは「非核保有国」として日本が民生用プルトニウムの利用を推進することを同盟国である米国が言外に認めるものでもあったからです。

ご存じのように、プルトニウムは核弾頭を製造する際に極めて重要な物質であり、通常はその製造や保有について「核の番人」とされる国際原子力機関（ＩＡＥＡ）などによって厳しく制限されます。しかし、日本は非核保有国の中で唯一、米国などから「例外扱い」される特権を持ち、それを担保しているのが米国との原子力協定という構図となっています。

　ただ、今回の協定期限に際して、米国は様々なルートを使って、ある「メッセージ」を日本に送っていました。それは「協定の自動延長に際して、日本が保有するプルトニウムの削減プランを作成して欲しい」ということです。自動延長されたとはいえ、協定は日米双方のいずれかが六か月前に通告すれば即、破棄することも可能です。米国が一方的に破棄を通告してくる可能性は極めて低いとは言え、日本としてもプルトニウムの保有量については何らかの対応を迫られていたこともまた、事実だったのです。

　旧協定が発効した一九八八年当時、日本のプルトニウム保有量はわずかなものでした。さらに、次世代型の原子炉と期待された高速減速炉「もんじゅ」の建設も進行していたため、日本のプルトニウム利用計画は現在よりも現実味がありました。

　しかし、「もんじゅ」が事故を起こした一九九五年から雲行きが怪しくなり、以降、二〇一六年までの二十一年間で、日本のプルトニウム保有量は約三倍に膨れ上がってしまいました。この結果、日本が国内外に保有するプルトニウムの総量は核弾頭六千発にあたる約四十七トンを超えています。

　こうした日本の実情に水面下で最も懸念を示していたのが米国でした。もっとも、この間にホワイトハウスの主はバラク・オバマ大統領からドナルド・トランプ大統領に替わっており、第三章で論じた通り、トランプ政権は「使える核」を重視した新たな核戦略も打ち出しています。そうしたこともあって、原子力協定の自動延長については米側も表立っては大きな異論を唱えませんでした。

それでも核拡散の防止戦略を自らの安全保障政策の支柱の一つと位置付けている米国から見て、核弾頭六千発分にも達する日本のプルトニウム保有量は看過できるものではありませんでした。このため、すでに述べているように日米間の原子力協定を自動延長する「条件」として、非核保有国としては異例のプルトニウム保有量となった日本に自発的なプルトニウム削減プランの策定を求めていたのです。

確かに、日本は一貫して「余剰プルトニウムは持たない」という立場を示してきましたが、残念ながら現状はそれを証明するどころか、否定しているようでもあります。今も核保有に野心を燃やしている北朝鮮がこうした実情を「ダブル・スタンダードだ」と突発的に非難したり、イランが「我々は『ジャパン・モデル』を目指している」と公言する理由もここにあるのです。

イランが時折、口にする「ジャパン・モデル」については私自身、外務大臣時代にイランの代表団から何度か直接、聞いたこともあります。その都度、私は正しい「ジャパン・モデル」の在り方について、「非核の誓いを守り、NPTの加盟国として核廃絶に取り組んでいることが肝要なのだ」と説くことを忘れませんでした。

この二つの点で、イラン、ましてや、北朝鮮と日本とは、全く次元の違う話であることは言うまでもありません。それを敷衍すれば、日本は「非核三原則」や「非核の誓い」などを踏まえ、NPT体制の中核として真摯に核の不拡散問題に対応し続けなければならないのです。言い換えれば、いかなる状況に置かれても「核について、李下で冠を正すような真似はしない」という姿勢を国際社会にアピールするということです。「(日米原子力協定は)原子力活動の基盤の一つをなすもので、日米関係の観点から極めて重要。利用目的のないプルトニウムは持たないとの原則を堅持し、利用を進める」日本政府のスポークスマンである菅義偉官房長官(当時)は、日米原子力協定の自動延長に際して記者会見でこう明言しています。その背景には、こうした日本の「特殊性」を念頭において、万が一にも日本が「プルトニウム案件」で同盟国である米国をはじめ、国際社会から疑念の目を向けられることがないようにするという国家としての固い意思があるのです。

その「意思」を内外に広く示すため、日本はエネルギー政策についても大きな政策転換を決断しています。二〇一八年七月三日、日米原子力協定の自動延長に先駆ける形で、四年振りに策定し直した「エネルギー基本計画」の閣議決定がそれです。

この決定における最大の目玉は、原子力発電所で定期的に排出される「使用済み核燃料」を再処理する際に生み出されるプルトニウムについて、「保有量の削減に取り組む」と初めて明記したことでした。

実際、日本のプルトニウム保有量は、先述したように二〇一一年三月十一日の東日本大震災以降、増え続けています。大震災に伴う東京電力・福島第一原子力発電所での事故を受け、原発の再稼働が全般的に停滞したことで、プルトニウムは再利用されることなく貯まり続けているのです。

核軍縮などに関する国際的な非営利団体組織「国際核物質専門家パネル（ＩＰＦＭ）」によれば、世界主要各国のプルトニウム保有量（民生用のみ）は英国の約百十六トンを筆頭にフランスの約六十八トン、ロシアの約六十一トンに続き、日本は世界第四位の水準となっています。これに対して、米国は約八トンであり、中国は少数点以下のレベルにとどまっています。

日本が国策としている「核燃料サイクル」に則れば、プルトニウムの削減には原子力発電所での活用がカギになります。余剰プルトニウムはＭＯＸ燃料として原発で燃やして発電する「プルサーマル発電」で減らすためです。

しかし、東日本大震災以降、「高止まり」を続けている日本の余剰プルトニウムの削減にはなお、決定的な解決策が見出せていません。例えば、かつてプルトニウム利用の主軸になると期待された「もんじゅ」は前述したように一九九五年に事故を起こして以来、ほとんど稼働できないまま二〇一六年に廃炉が決まっています。それに加えて、福島県での原発事故以降、全国の原発はほとんどが稼働を停止しているため、プルトニウムを燃やすプルサーマル事業も計画通りには進んでいないのです。

こうした実情を受けて、政府が策定する「エネルギー基本計画」に沿って具体策などを示す役割を持つ原子力委員会は二〇一八年七月三十一日、余剰プルトニウムの削減に向けた新しい指針をまとめました。十五年振りに改定した指針の中で、同委員会はまず、プルトニウムについて「保有量を減少させる」と削減方針を初めて明記しました。

その具体策としては、原発で消費するメドが立たないプルトニウムについて「二〇二一年完成予定の青森県六ヶ所村の再処理施設では製造しない」という方針を盛り込みました。青森県六ヶ所村の使用済み燃料再処理工場では最大、年間で四トンのプルトニウムが排出される見込みでしたから、今後の増量には一定の歯止めをかけたことになります。

同時に、プルトニウムを燃料に混ぜて原発で消費するプルサーマル事業の推進に向け、電力会社間の連携を促すことも打ち出しています。日本の電力業界はプルサーマル事業を十六基から十八基の原子力発電所で実施する計画を立てていますが、現状は四基が稼働しているに過ぎません。因みに、一基当たりで一年に消費するプルトニウムの総量は〇・四トンにとどまります。

現在は長崎大学の核兵器廃絶研究センターで副センター長を務める鈴木達治郎・同大学教授（元・内閣府原子力委員会委員長代理）は、原子力委員会が新しい指針を発表する前に、日本経済新聞のコラム「経済教室」に寄稿しています。その中で、鈴木教授は二〇一六年末時点での世界の「分離プルトニウム」の在庫量を「推定五百十八・六トン」と推定し、これは長崎型原爆に換算して実に「八万六千四百四十発にも相当する」と指摘しました。

同時に、核兵器に直接利用できる高濃縮ウラン（ＨＥＵ）は推定で一千三百四十二・五トンにのぼり、広島型原爆に換算すると二万九百七十七発分となるため、両者を合わせれば世界には合計で十万発以上の核弾頭に相当する核物質が存在する、と論じています。

在庫量の内訳として、鈴木教授は核兵器内に含まれているか、核兵器用として貯蔵されている「軍事用」と、軍事用にはすでに不要と定義された余剰分と平和利用のために貯蔵されている量の「非軍事用」の二つに分けた上で、プルトニウムとＨＥＵの内訳も紹介しています。

それによれば、ＨＥＵはほぼ九割が軍事用とされていますが、プルトニウムは逆に七割以上が非軍事用に使われています。さらにその約八割にあたる二百九十トンは平和利用の原子力発電所から回収されたものと見られています。

こうした分析を基に、鈴木教授は「この（平和利用のためのプルトニウムの）増加量をどう抑えるかが今、もっとも問われている」と強調しています。その上で、鈴木教授はこの論稿を以下のように締めくくっています。

《日本のみが非核保有国で大量のプルトニウムを所有している事実は重い。原子力平和利用のためとはいえ、日本の在庫量に注目が集まるのは、安全保障の専門家からすれば、至極当然のことなのである》

日本が軍事的には「非核」の選択を続けながら、原子力の平和利用には積極的に取り組んでいくため、自らには厳しいルールを課すのは当然のことであり、日本が国際社会に対して自発的に負っている責務だと私は思います。

ＮＰＴ体制をたとえ、その身を賭してでも守ることもその一つであり、ＩＡＥＡによる厳しい査察の目に常時、晒されていることもそうです。それは国際社会において、核を巡る日本の対応に不必要な疑問を抱かせないために必要不可欠な努力の証なのです。

先述したように、イランの一部には「日本のようになりたい」という声があるようですが、その要諦は「大量のプルトニウムを保有している」ということではなく、国際社会に疑念を持たれないように「自らを厳しく律する」というところにあると私は強調したいのです。

その観点から言えば、鈴木教授が指摘しているように大量の余剰プルトニウムを期せずして抱えることになってしまった日本の責任は重いと私も思います。今後、日本は余剰プルトニウムの削減に努めることは当然ですが、それだけでなく、「核の平和利用」という概念についても、私はさらに日本が揺るぎない姿勢とコミットメントを国際社会に向けて示し、その可能性を提示していくべきだと考えています。

その具体的な道標を示してくれたのはＩＡＥＡの「顔」として世界を股にかけて活躍された故・天野之弥事務局長です。天野事務局長は鈴木教授と同じ日本経済新聞のコラム「経済教室」（二〇一五年六月十一日付け）の中で、こう論じています。

「国際原子力機関（ＩＡＥＡ）の設立目的は『平和のための原子力』（Atoms for Peace）であり、原子力技術の平和利用を通じて世界中の人々が直面する様々な課題の解決にも取り組んでいる。原子力技術は、食料の増産、水の確保、母子の健康改善、疾病のまん延防止や環境の保護にも貢献できる。新しい国際開発目標の重要な要素となる持続可能な開発目標（ＳＤＧｓ）の十七分野のうち、十三分野で原子力技術が開発に貢献できる」

原子力発電はもちろん、「核の平和利用」の一つの例ではありますが、それが全てではないという天野事務局長の指摘に私は全面的に同意します。そして、天野事務局長が列記した「核の平和利用」はこれからも推進すべきであり、そのための財源確保、人材育成は続けていくべきだと思います。

天野論文によれば、「核の平和利用」は現在、多岐にわたっており、アフリカのエボラ出血熱を食い止めるための国際的な努力の一環として、アイソトープに由来する技術貢献もあります。この技術を活用した診断キットを使えば、ウイルスの培養に時間をかける必要がなく、それまで四日かかっていた診断を四時間で実施できるそうです。

また、人類三大疾病の一つであるガンの放射線治療についても、天野事務局長は原子力の効用が大きいと説いています。このほか、水資源の効率的な活用や作物の品種改良にも民生用の原子力は活用されている、と論稿の中で強調しています。

二〇一七年四月十一日、ＩＡＥＡの本部があるオーストリア・ウィーンから一時帰国していた天野事務局長は、日本原子力産業協会が主催する「第五十回原産年次大会」での講演で、こう述べています。

「IAEAは、核兵器の拡散を防止し、希望する国に原子力の利用を支援することにコミットしていると申し上げます。我々は、途上国が原子力の平和利用に関する現代的な技術にアクセスし、人々の生活を大いに向上するために用いることへの支援を極めて重視しています。そして、我々は、こうした目標を達成していく上で、日本との協力を重視しています」

志半ばでこの世を去った天野事務局長の遺訓、すなわち、「平和と開発のための原子力」(Atoms for Peace and Development)」という新しいビジョンを胸に、私も微力ながらこの分野でも努力していきたいと考えています。

「核兵器のない世界」に向けて

ここまで本書を通じて論じてきた様々な世界の事情、日本の歴史、そして国際社会が抱える「現実」の数々を踏まえ、私たちには一体、何ができるでしょうか。本書の最後にあたり、「核兵器のない世界」に向けて私なりに考えていることをまとめ、それを一つずつ、説明していきたいと思います。

1、NPT体制の強化とCTBT、カットオフ条約の推進

これは言うまでもなく、世界から核兵器を全廃するという長い道のりにおいて、なお、一丁目一番地とも言える存在の核拡散防止条約（NPT）について日本が更なるコミットメントを示し、その存在を揺るぎないものにしていくということに尽きると思います。

二〇二〇年の四月に米国・ニューヨークで予定されていたNPTの再検討会議は折からの世界的なコロナウィルス禍により、一年間の延期を余儀なくされています。すでに指摘しているように核保有国と非保有国の感情的な対立はなお、続いており、仮に予定通り、二〇二〇年四月に開催されていた場合、この両者の溝は一層、広がっていたかもしれません。

そのため、ここはこの一年間のブランクを利用して、双方に自らの言動を冷静に振り返ってもらい、新しい発想で二〇二一年の再検討会議に臨んでもらう環境を整備していく必要があるでしょう。

核保有国と非保有国の「橋渡し役」を任じる日本としてもそこに何らかの貢献ができないか、まずは考えていきたいところです。それだけでなく、今後のNPT体制の在り

方についても積極的な発信を続け、「核兵器のない世界」への目印を少しでも多く、残しておきたいと考えています。現在は停滞を余儀なくされているCTBT、カットオフ条約の推進もそうした目印の一つであり、日本としてはこれからも粘り強く、米国をはじめ、関係各国に働きかけていくべきでしょう。

2、余剰プルトニウムの大幅削減と新しい「核の平和利用」の推進

この問題についてはすでに記したように、安倍政権下で改定した新しいエネルギー政策に則って、喫緊の課題となっている余剰プルトニウムの削減に努めていくことが最優先課題であり、全ての基本になると思います。

「核の平和利用」を巡っては、東日本大震災が引き金となって発生した東京電力・福島第一原子力発電所の事故を実例として、原子力発電も核兵器と同列視する声があることは私も承知しています。しかし、私はあくまでも「核の平和利用」において不幸にも発生してしまった大事故と、広島・長崎で核兵器が見せつけた「非人道性」を同列に論じるべきではないと考えます。

私が一般には主流となっている「核なき世界」ではなく、「核兵器のない世界」という言葉に拘っている大きな理由は核兵器が持つ「非人道性」を確実に世界に対して訴え

たいからなのです。そして、福島での不幸な原発事故はあくまでも「安全・安心」の問題であり、多くの人間を一瞬にして無にしてしまう核兵器の非人道性とは一線を画すべきだと思うのです。

先述したエネルギー基本計画によれば、二〇一五年時点で決めた「二〇三〇年度時点」での電源構成比率は原発が二〇から二二%、再生エネルギーが二二から二四%、そして、石炭火力が二六%などという内訳目標を変えていません。ただ、原発について「二〇から二二%」という目標を達成するためには三十基程度の原発の再稼働が必要であり、実態的にはなお、原発再稼働は進んでいないのです。

余剰プルトニウムの削減問題を巡っても、それを推進するためには原発から出た使用済み核燃料を再処理し、プルトニウムを再利用する核燃料サイクル政策を続けなければなりませんが、これも同じ理由で先行きの不透明感は拭えません。

こうした数々の実情を踏まえ、日本はこれから原子力といかに向き合っていくか、様々な観点から検討していかなければならないでしょう。実際、今回の基本計画では、太陽光や風力など気象条件で発電量が一定しないという特性を指摘しつつも、再生エネルギーについて初めて「主力電源化」という考え方を打ち出しています。

日本経済の成長や国民生活の維持という観点からすれば、いきなり「脱・原発」というスローガンを打ち出すことは現実的ではない一方、長期的なスパンで将来的には再生エネルギーの比率を様々な技術革新で高めながら、原発への依存比率を段階的に下げていくという長期的な議論は避けて通れません。

3、「日米拡大抑止協議」の政治レベルへの格上げ

オバマ米政権時代に始まった「日米拡大抑止協議」は先述したように今では多くの回数を重ね、それまでは日本側が目にすることのなかった米国の「核の傘」の実相を直接、確認できる場にまで発展しています。

この会議体について「非核三原則」の立場から批判的な意見もあることは承知していますが、私はこの協議をもっと幅広い、日米間の「信頼醸成手段」の一つと見立て、これからも維持していくべきだと思います。

その一環として、これまでは日米双方の審議官レベルに留まっている協議参加者を段階的に政治レベルにまで格上げし、日米双方のより高いレベルで拡大抑止力の信頼性やその根拠を議論し、いずれは日米両国が主導的な立場で、核の不拡散問題や核軍縮問題を本音で議論できる場へと発展させていきたいと考えています。

そうすることによって、第四章で指摘したような「核の傘」を巡る日米双方の猜疑心

を少しでも薄め、最終的には無くすことができればと思います。もちろん、そこに至るまでにはなお多くの時間がかかるとは思います。しかし、最終的な意思決定権限を持つ政治の側がより深く、核の傘の実相を知り、理解することは、日本国民の平和と安全な暮らしを守る意味で、決して無駄ではないと私は確信しています。

4、「核兵器のない世界のための国際賢人会議」の創設

二〇一七年五月にオーストリア・ウィーンを訪問した私が外務大臣としてNPT再検討会議準備会合で提唱し、創設した「核軍縮の実質的な進展のための賢人会議」は、同年十一月に正式発足後、二〇一九年七月まで合計で五回の会合を開催し、今年の三月六日には核軍縮プロセスの透明性や核リスクの低減、および、核軍縮・不拡散教育などを議論した第六回会合も終えています。

この会合は、核兵器国と非核兵器国、あるいは核兵器禁止条約の参加国と非参加国などから有識者に参加してもらい、国際社会として取り組むべき核軍縮に向けた行動などについて議論し、「核兵器のない世界」の実現に向けた各国間の信頼醸成、および、共通の基盤を形成することに狙いを定めたものです。

一連の会合を通じて、二〇一八年三月には提言を発表し、二〇一九年四月の「京都ア

ピール」と続き、同年十月にはそれまでの議論を総括する「議長レポート」を外務省に提出しています。さらに二〇二〇年三月からは「核軍縮の実質的な進展のための一・五トラック会合」へと衣替えし、有識者だけでなく、現役の政府当局者も交えた会議にパワーアップしています。

私としては今後、この会合を更に強化するため、世界中で影響力を持つ人たちからのコミットメントを広く募り、質量両面で一層、充実させていきたいと考えています。

これはあくまでも希望ベースの話ですが、例えばバラク・オバマ前米大統領やミハイル・ゴルバチョフ元ソ連共産党書記長といった核廃絶に賛同する世界のリーダーたちにも名前を連ねてもらい、主要国首脳会議（G７）などでは常態化している「シェルパ」役の専門家を指名してもらうことで彼らのアイデアや影響力を活用させてもらうことも一考に値すると考えています。

5、「核の平和利用のための国際会議」の新設

米国をはじめ、ロシア、そして中国などの「核大国」がそれぞれの思惑で核兵器の近代化や小型化を加速させている現状に鑑みれば、これらの国々がトランプ米大統領の提案したような「多国間核軍縮交渉」のテーブルに安易に座ることは、ほぼないと見る方

が現実的でしょう。

一方で、トランプ大統領やプーチン・ロシア大統領が揃って口にしているように、世界の核兵器の大半を保有している米ロ両国から見て、新興核大国である中国の動向はもはや、見逃すことはできず、中国を何らかの形で交渉のテーブルに着かせることが米ロ両国だけでなく、国際社会にとっても喫緊の課題になりつつあります。

核軍縮・核戦略問題で多くの著作を持つ一橋大学の秋山信将教授によれば、中国は「核兵器に縛られない戦略対話であれば、日本が仲介役となった米国、中国、日本による三カ国の戦略対話に応じる可能性はある」と指摘しています。

そうした見方に沿えば、ＩＡＥＡが提唱する「平和と開発のための原子力」というテーマで、日本が主催国として米中両国を同時に招くことは可能かもしれません。

第三章で論じたように、現時点では多国間の核軍縮交渉には見向きもしない中国を何とか交渉のテーブルに招くためには、軍事・安全保障とは切り離して原子力を巡る様々な可能性や、原発施設のメンテナンス技術向上、技術者の育成問題、事故防止策、事故後の対策などについて幅広く議論する場が有効ではないか、と思うからです。

このようなコンセプトをベースにした国際会議を新たに開催することで、米中間の「橋渡し役」だけでなく、中国と国際社会との分断を防ぎ、いずれは多国間の核軍縮交渉のお膳立てを日本が担う――そうした戦略的アプローチを機会があれば私は是非、試してみたいと思っています。

ローマ教皇のメッセージ

「核の理論によって促される、不信と敵意の増幅を止めなければならないのです」――。二〇一九年十一月二十四日、激しい雨に襲われた九州・長崎の爆心地公園で、そう訴えかけたのは世界に今も多大な影響を与えるローマ教皇庁（バチカン）の最高指導者、フランシスコ教皇でした。

これ以前、ローマ教皇が被爆地を訪れたのは一九八一年当時のヨハネ・パウロ二世にまで遡ります。三十八年振りとなった訪問で、フランシスコ教皇はいつもの穏やかな口調で、耳を傾ける人たちを説き伏せるように約十三分間にわたって核兵器の悲惨さと戦争のない世界の実現を切々と訴えました。

ご承知のようにこの時、一九八〇年代後半の冷戦終結に伴って一度は活気づいていた核軍縮のモメンタムはすでに完全に冷え切っていました。ヨハネ・パウロ教皇が来日した時の世界とは全く違う風景がフランシスコ教皇の目の前には広がっていたのです。

北朝鮮は言うに及ばず、中国、ロシア、そして、日本の同盟相手である米国までもが自己中心的な言動に終始した結果、国際社会が核軍縮とは全く逆の方向へと迷走しているのはこれまで第三章などで説明してきた通りです。

そうした現状を踏まえ、フランシスコ教皇は演説の冒頭で「世界は手に負えない分裂の中にあります」と指摘しました。その上で「相互不信の流れを打ち砕かなくてはなりません。そうしなければ今の軍備管理の国際的な枠組みが崩壊する危険があるのです」と語気を強めました。

バチカン関係者によれば、フランシスコ教皇は当初、訪問先として首都・東京とカトリックの地として知られる長崎を想定していたようです。

しかし、被爆の実相を肌身で感じながら、「核兵器のない世界」というメッセージを世界に伝えるため、フランシスコ教皇は私の出身地であり、最初の被爆地である広島への訪問も欠かせないと判断してくれたのです。実際、長崎の後で訪れた広島での演説で、フランシスコ教皇はこう述べています。

「私は平和の巡礼者として、この場所を訪れなければいけないと感じていました。激しい暴力の犠牲となった罪のない人々を思い出し、静かに祈るためです。私は、声を発しても耳を貸してもらえない人々の声になりたいと思います」

今なお、世界中のカトリック信者に多大な影響力を持つローマ教皇の国境を超えた力強いメッセージ。それを聞いたカナダ在住の被爆者で、私の遠縁にもあたるサーロー節子さんは「大変勇気づけられた。核廃絶運動に関わる全ての人を勇気づける内容に心を打たれ、涙なしには聞けなかった。もう一度頑張れそうな気がしました」と当時の心境を日本のメディアに語っています。

ここでは長崎におけるフランシスコ教皇のメッセージの抜粋を紹介しておきましょう。

《人の心にある深い望みの一つは、平和と安定への望みです。核兵器や大量破壊兵器を所有することは、最良の答えではありません。

ここは、核兵器が人道的にも環境にも悲劇的な結末をもたらすことを証言する町です。軍備拡張競争に反対する声は、小さくとも常に上がっています。軍備拡張競争は貴重な資源の無駄遣いです。世界では何百万という子どもや家族が、人間以下の生活を強いられています。しかし、武器の製造や商いに財が費やされ、日ごとに武器は破壊的になっています。これらは途方もないテロ行為です。

核兵器から解放された平和な世界を実現するには、全ての人の参加が必要です。個々人、宗教団体、市民社会、核兵器保有国も、非保有国も、軍隊も民間も、国際機関もそうです。一致団結しなくてはなりません。それは世界を覆う不信の流れを打ち壊す、相互の信頼に基づくものです。

今、拡大しつつある相互不信の流れを壊さなくてはなりません。兵器使用を制限する国際的な枠組みが崩壊する危険があるのです。核兵器禁止条約を含め、核軍縮と核不拡散に関する国際的な法的原則にのっとり、飽くことなく、迅速に行動し、訴えていかなければなりません。

核兵器のない世界が可能であり必要だという確信をもち、政治をつかさどる指導者の皆さんにお願いします。核兵器は、安全保障への脅威から私たちを守ってくれるものではない、そう心に刻んで下さい》

中国やロシア、そして米国などが競うように進めている核兵器の近代化や小型化は、前述しているように核戦争へのハードルを下げることにつながります。一方、ＮＰＴ再検討会議などで国際社会が目の当たりにした核保有国と非保有国の深い分断は、一朝一夕で修復できるものではないことも明らかだと思います。

ストックホルム国際平和研究所（ＳＩＰＲＩ）によれば、二〇一九年一月時点で世界の総核弾頭数は一万三千八百六十五発で、このうち、ロシアが六千五百発、米国が六千百八十五発となっており、両国が世界の九割以上の核弾頭を保有しています。総核弾頭数は冷戦終結直前の一九八〇年代後半に約七万発でピークを打って以来、減少に転じてはいますが、ここ数年は先述した理由などで核軍縮は停滞し、核の削減ペースも著しく低下しているのが実情です。

それだけではなく、米国、ロシア、中国の「核三大国」に続けとばかりに、インドやパキスタンも核兵器の原材料となる濃縮ウランやプルトニウムの生産体制を強化しています。北朝鮮やイランもなお、核保有への野心は全く捨てていません。そして、半世紀の歴史を持つNPT体制は今、発効以来、かつてないほど揺らいでいるのです。

だからこそ、広島での演説でフランシスコ教皇は「戦争のために原子力を使うことは現代において、犯罪以外の何ものでもありません」と強い口調で断言したのでしょう。同時に「戦争目的での原子力の使用は倫理に反します。核兵器の所有も倫理に反します」と続け、国際社会が避けては通れない国と国との紛争解決について「核戦争の脅威で威嚇することに頼りながら、どうして平和を提案できるでしょうか」と強く疑問を投げかけたのです。

その問いかけに対して、私たちはどのように応じたらいいのでしょうか。少なくとも今、そして、これからも言えることは唯一の被爆国としてローマ教皇が残した数々のメッセージを噛みしめながら、「理想」と「現実」の均衡点を探り、日本としてできることを一つずつでもいいから、実現していくことだと私は思います。

広島・長崎における被爆の実相に心から寄り添いながら、世界に向けて「核廃絶」を呼びかけたフランシスコ教皇は広島での演説をこう締め括っています。

「思い出し、共に歩み、守ること。これらは、ここ広島において、より普遍的な意味をもち、平和への真の道を切り開く力があります。ここで起きたことを忘れてはなりません」

おわりに

広島市の爆心地から南東に三キロほど離れた住宅地の一角に大きな赤レンガの倉庫があります。旧日本帝国陸軍が大正二年（一九一三）に建てた被服支廠《ししょう》です。一九四五年八月六日、この建物は水や治療、そして救いを求める被爆者たちの臨時の救護施設となりました。

戦時中、軍服や軍靴を製造・保管していた被服支廠は二〇二〇年の今でも四棟が現存しています。このうち、広島県が三棟を所有し、一棟は国の所有物となっています。築後百年以上を経過した建物ですから、かなり劣化も進んでいます。実際、建物の周囲には「地震の際は近づかないで」などとする注意書きが貼ってあるほどです。

二〇一九年十二月、広島県は安全上の理由から、保有する三棟のうち、二棟を解体し、一棟を外観だけ保存するという方針を決めました。しかし、県民などから「一体的な保存」を求める声が上がり、県議会からも「時期尚早」と批判されたため、二〇二〇年度に予定していた解体工事は延期され、現在も議論は続いています。

この問題は周辺地域の方々には生活環境に関わる問題であり、莫大な維持費の捻出は税金の使い道に関わる問題でもあります。一方、被服支廠は広島県民にとってだけではなく、日本にとっても「被爆の実相」を身をもって語ることのできる貴重な「語り部」だとも私は感じています。だから、二〇二〇年一月十八日に新年互例会に出席するため、地元・広島に戻った際、私は「この問題について丁寧に議論を進めていくことが大事ではないか」と注文を付けたのです。

「日本人が体験した核兵器の悲惨さを、怖さを知らない人たちに、ゴジラを通じて話していかねば、と思いました。ゴジラも水爆の被爆者ですからね」

そう語るのは世界的に有名な怪獣「ゴジラ」を主役とした映画の第一回作品で主演俳優を務めた宝田明です。二〇一九年七月、宝田は米イリノイ州にあるオヘア国際空港から਍ほど近いローズモントで毎年夏に開催されるユニークなイベントに参加しました。全米各地や欧州などから約一万人のゴジラ・ファンが集結する祭典「G－FEST（Gフェスト）」です。

そこにゲストとして招かれた宝田は「ハリウッド版ゴジラ」の感想を聞かれ、「米国にとって都合の悪い部分がずたずたに切られ、反核的な部分が全く無くなってしまっていたんです」と率直に指摘しています。この時、「Gフェスト」の様子を伝えた毎日新聞（二〇一九年九月二十五日付）に対して、宝田は「ゴジラも被爆者だ」と言い切ったのです。

一九五四年三月一日、米国が太平洋のビキニ環礁で水爆実験を実施し、約百六十キロメートル離れた海上にいた日本のマグロはえ縄漁船「第五福竜丸」の船員たちが被曝しました。その事件をヒントとして生まれたのがゴジラであり、それが宝田の初主演した第一作映画「ゴジラ」の原点でもありました。

ゴリラとクジラを合わせたような「巨大な存在」という意味で命名されたゴジラは米国の水爆によって被曝し、深海での眠りから突然、目覚めます。その後、核の業火によって手の付けられないモンスターと化したゴジラは東京湾から日本に上陸し、日本の首都を無慈悲なまでに破壊していく――というストーリーがその第一作のあらましです。

近年、日本だけでなく、世界でもヒット作品となった映画「ゴジラ」はよく知られた存在だと思います。そして、ゴジラという異形のモンスターは日本から見れば「原爆の落とし子」のような存在でもあります。宝田の言葉を借りればゴジラもまた、核兵器の被害者であり、かつ、大地を引き裂かんばかりの咆哮で被爆国・日本の声を代弁する「伝道者」のようでもあります。

「米ハリウッドでもリメークされているゴジラのつづりは『GODZILLA』。日本人が思い描く『神』のイメージをまざまざと表すような『GOD（神）』の文字が印象的だ」

二〇一九年九月二十四日、日本経済新聞夕刊のコラム「こころの玉手箱」で宝田はこう綴っています。宝田の出演した第一回作品以降、ゴジラ映画は日本だけでなく、米国・ハリウッドでも何度かリメークされ、世界中で大ヒットしました。

そのことに触れながら、宝田はゴジラが今なお、世界で多くの人たちを引き付けて止まない理由をこう解説しています。

「核廃絶に向けてアラームを発する存在、神からのメッセンジャー、そして、神聖な存在として描かれてきた、日本の思いを引き継いでくれているかのようだ……」

あの悪夢の日から二〇二〇年の現在まで、数え切れないほど多くの被爆者が別天地へと旅立ちました。歳月の経過と共に、実際の体験をもって核兵器の「非人間性」をリアルに証言できる人も急速に減りつつあります。

それでも我々は核兵器がこの地球上から全て無くなる日まで被服支廠やゴジラ、そして今なお、原爆の恐怖と傷跡に毎日、向き合いながら生きている被爆者たちと共に核兵器の「非人道性」を人類社会に訴えていかなければなりません。

その厳然たる事実を前にして、政治家として私がやれることはただ、彼らの声に真摯に耳を傾け、実際の政治の現場で一人でも多くの政治指導者に被爆の実相を伝えることだと思います。そうした地道な努力の末に「核兵器のない世界」の実現に向けて共に戦う「同志」を日本だけでなく、広く世界でも募っていくことができたら、と思っています。

あとがき

二〇一六年の五月二十七日は私にとっても生涯、忘れられない日となりました。長い間、広島県民、そして日本国民の願いでもあった米国の現職大統領による広島訪問は、原爆による被害の実相を原爆を投下した当事国の最高指導者に身をもって知って貰うというだけでなく、日本人にとっても「戦後を終わらせる」という意味において意義深い出来事だったと思います。

ただ、これで全てが終わったわけではありません。冷戦時代ほどではないにしろ、人類社会はなお、核の恐怖に怯えて生きています。戦後から七十五年の歳月が流れ、多くの被爆者がこの世を去る中で、戦争の記憶も被爆の実相も急速に色褪せつつあります。そして、人類は再び、悪魔の業火に手を伸ばしかねないような仕草すら見せています。こうした状況を少しでも改善するため、私たちは知恵を出し合って「核兵器のない世界」の実現に取り組んでいかなければなりません。

本編でも触れている通り、米国内にはなお、原爆投下の正当性を説く声はあります。日本国内でも「米国が意図的に日本を原爆の標的にした」と訝る空気は完全には消えていません。それでもバラク・オバマ米大統領（当時）と安倍晋三首相が強調したように、日米両国は「寛容と和解」の精神をもって、世界にも類を見ない緊密な同盟関係を作り出し、現在に至っています。

その精神を日米両国はこれからも大切に育み、身をもって体現するだけでなく、世界に向けてその意味するところを発信していくべきだと私は思います。それが「分断」や「恐怖」に打ち克つ勇気を国際社会や世界の国々に与え、やがては「協調」と「融和」の空気を生み出していくと私は信じています。

分断から協調へ。

核兵器のない世界をめざすために、私も微力ですが、国際社会にこの流れを作るため、自分の残りの人生をかけて、取り組んでいきたいと思います。

振り返れば、ここに至る道のりでは実に多くの人たちと出会い、その考えに共鳴し、お互いに励まし、助け合ってきたような気がします。

幼い私に原爆の恐ろしさを話してくれた祖母や親戚のおじさん、おばさん達。

選挙を通じて被爆地の思いを伝えてくれた地元広島の皆さん。

外務大臣在任中の斉木昭隆次官や佐々江賢一郎駐米大使を始め、外務省の皆さん。

キャロライン・ケネディ駐日大使。
ジョン・ケリー米国国務長官。
天野之弥ＩＡＥＡ事務局長……。

最後になりましたが、本書を執筆するにあたり、本編でも触れている通り、「核なき世界」を目指したオバマ大統領のご意見番的な存在だったウィリアム・ペリー元米国防長官と深い親交があり、核廃絶や日米同盟について多くの著作がある上智大学特任教授の春原剛氏（日本経済新聞社専務執行役員）には親切な助言と的確なアドバイスを幾度となく頂戴しました。この場を借りて厚く御礼申し上げます。

本書を「原爆投下から七十五周年にあたる二〇二〇年内には刊行したい」という無理な注文を快く引き受けてくださった日経ＢＰクロスメディア編集の山崎良兵編集部長、経営メディア局の藤田宏之編集委員のお二人にも心から御礼申し上げます。

二〇二〇年八月六日、広島は被爆から七十五年という節目の日を迎えました。冒頭に触れたコロナウィルスの影響で、例年よりも小規模となった平和記念式典ですが、「いつの日か、この世界から核兵器を無くしたい」というメッセージの重さに何ら、変わりはありません。そのことを深く胸に刻んで、私はこれからも前に向かって歩み続けたいと思っています。

二〇二〇年秋　岸田文雄

岸田 文雄

きしだ・ふみお

1957（昭和32）年生まれ。自由民主党所属の衆議院議員（9期）、自由民主党政務調査会長、宏池会会長（第9代）。 内閣府特命担当大臣（沖縄及び北方対策、規制改革、国民生活、再チャレンジ、科学技術政策）、外務大臣（第143代・第144代）、防衛大臣（第16代）、自民党国会対策委員長、自民党たばこ議員連盟副会長などを歴任。

核兵器のない世界へ

勇気ある平和国家の志

発行日 2020年10月19日 第1版第1刷発行
2021年10月7日 第1版第3刷発行

著者 岸田 文雄

発行者 伊藤 暢人
発行 日経BP
発売 日経BPマーケティング
〒105-8308
東京都港区虎ノ門4-3-12
https://business.nikkei.com/
編集 藤田 宏之 山崎 良兵
校正 円水社
装丁・DTP 中川 英祐(トリプルライン)
印刷・製本 大日本印刷株式会社

ISBN 978-4-296-10697-4